Shoukou Akabe

もっと上手くいく「願い」のかけ方

大阪の超大物占い師の予見

五行易者
真言宗僧侶
赤部聖晃

東邦出版

大聖歡喜天
大師

はじめに

◉書籍出版に際して編集担当からご挨拶

大阪・難波千日前に、五行易《ごぎょうえき》を駆使する僧侶がいます。

難波千日前には、お笑いの殿堂『なんばグランド花月』があり、そこから南には、業務用の調理器具や食品サンプルなどを扱う店が軒を並べる千日前道具屋筋商店街が連なっています。地元の人はもちろん、国内外からの観光客も多く訪れる、たいへん賑やかなエリアです。

その道具屋筋から少し路地に入ると、人影はまばらになるのですが、そこに僧侶であり占い師が拠点を構える〝お寺〟があります。お寺といっても、お堂があるわけではありません。間口はわずか半間《はんげん》で、引き戸の入り口には「五行易」と書かれたのれんがかかっていて、引き戸を開けると中はひと坪ほどの広さ。正面にある祭壇には、仏像が祀られています。そこで迎えてくれるのが、真言宗の僧侶であり占い師の赤部聖晃先生です。

赤部先生が、この場所で占いをはじめて35年以上になります。引きも切らず相談に訪れる人は老若男女を問わず、大企業から中小企業の経営者、自営業、正社員、契約社員、パート、アルバイト、政治家、司法・警察関係、金融・不動産関係、芸能人、スポーツ選手、水商売……と、多岐にわたっています。多くの人が訪れ、それぞれの不安を吐露し、人には話せないような悩みを相談し、苦しみから逃れるため、成功するため、幸せを得るために、アドバイスをいただいていきます。

宣伝などしていないにもかかわらず、一日中ほぼ予約でいっぱいです。これまでの常連さんと、常連さんからの紹介だけで、予約は埋まってしまうとのこと。だか

間口半間の入り口にかかるのれんの色も五行易で占って決めた

ら、これ以上、人に知られて相談者が増えても、対応できないとご本人はずっとおっしゃっています。

35年間、一日中座りっぱなしで、人の悩みに耳を傾け、神仏に祈り続けてきたこともあって、足は麻痺し、腰は曲がり、体中に走る痛みに日々悩まされ続けていらっしゃいます。平成が終わる2年前の年末には、飛んできた看板の直撃を受けて大ケガを負い、それからは杖を使わないと歩けなくなってしまいました。

翌年には、20年以上務めてきた東洋運勢学会の副会長を退任。組織のために費やす時間がなくなったことで、「これからは、一人ひとりの悩みや苦しみを解消するために、時間を使えるようになった」とおっしゃっていました。

そのときに、気がついたことがあると言います。体が衰え、傷つき、さまざまな機能の低下を感じるほどに、精神が研ぎ澄まされてきたというのです。それにより、人の考えていることや心の奥底にある思いが今まで以上に、手に取るようにわかるようになったそうです。それればかりか、五行易で占うと、世の中の流れや動きが鮮明に読めるようになり、より真実が占えるようになってきたと言います。

「これはきっと、これまで以上に、今この世の中で苦しんでいる一人ひとりの話に耳を傾け、その人たちを助けなさいという、天からの指示に違いない。そのために、自分に与えられた能力が増しているのだ」と感じたそうです。

とはいっても、どんなに頑張っても一日に対応できるのは十人前後がやっと。先生のところに届くSOSは、その何十倍何百倍にもなると感じていました。

「今の世の中、インターネットでやれば、たくさんの人に届くと言われました。で

真言宗善通寺派の僧侶であることを示す免状

五行易で使用している八面体のサイコロ

も、電気が使えなくなったり、なにかから攻撃されたりしたら、見ることはできなくなってしまうでしょう。本にして残せるんだったら、停電になっても読めるし、燃えてでもしまわない限り、消えてなくなることはないと考えました。だから、今ある私の知恵を本にしておきたい。そうすれば、悩む人、苦しむ人を、少しでも楽にしてあげられるのじゃないかと思うんです」

そういった赤部先生の思いから、この本の企画ははじまりました。

折しも、日本は平成から令和へと時代が変わりました。

「昭和から平成になり、争い事は減ったように思われました。日本では平成の間、戦争はありませんでしたが、新しい時代になってからが心配なんです。人が大きく変わったことにより、たいへんな世の中になってしまうのではないかと感じていま す。今、気づいておかないと、取り返しのつかないことになってしまうように思います。それを伝えておかないといけないと感じているんです」

と赤部先生はおっしゃいます。

「でも、私は本なんてよう書かんのです」
そこで、赤部先生と20年来の付き合いのある私たちが編集担当として、書籍出版のお手伝いをさせてもらうことになりました。

人がこの世に生きているとどうしても、思い通りにならないことが増え、さまざまな悩みや苦しみ、不安が生まれます。それらを少しでも解消し、多くの人が生きやすく過ごせるために、赤部先生の〝知恵〟が役に立てばと思います。
また、赤部先生がおっしゃる、「このままでは、取り返しのつかないことになってしまう」前に、少しでも回避できるよう、赤部先生の言葉を知ってほしいと思います。

編集担当：ゼロハチマル

第三章 「魔」から身を護る方法

第四章 神仏の智慧と五行易から導き出された幸せを掴む秘技

編集■ゼロハチマル
カバーデザイン■大塚勤（コンボイン）
撮影■宮家秀明
制作■シーロック出版社

序章

「善と魔の時代」を生き抜くために

人は神仏の助けを受けられる

私が、ここ難波千日前で占いをはじめたのは、１９８４（昭和59）年でした。５年後には平成となり、それから30年を経て、時代は令和へと変わりました。かれこれ35年以上も、この地で占いを続けていることになります。

この35年の間に、訪れる人たちの「占ってほしい」という内容が、ずいぶんと変わったように感じています。

もちろん、「今抱えている問題を解決するためにどうしたらいいか」とか、「幸せになるために……」というのは、昔も今も変わりません。

私が占いをはじめたころは、好景気に沸いていた時期でした。そのときは、みんなで稼いで、みんなで幸せになろうという、とても活力にあふれた雰囲気だったのを覚えています。人は寝る時間を削って働くことを厭《いと》わず、社会や世の中をもっとよくして、みんなで幸せになろうと、一人ひとりが頑張って働いていました。多くの人は頑張った分、お金を稼ぐことができ、生活は豊かになりました。物も豊富になり、たくさんの物を手に入れられるようになりました。

ところが、好景気はいつまでも続かず、バブルは崩壊。安定期から低迷期と、時代は変わっていきます。頑張れば、それだけの対価を得られた時代から、頑張っても上手くいかないことが多くなる時代になってきたのです。働き方も、寝る間も惜しんで働くのはいいことではなく、ゆとりをもった生き方が大事だと言われるようになりました。

そのころと今と、占ってほしいと言われる内容は同じでも、人の心の奥深くに潜んでいる思いや求めているものが、違ってきているのを強く感じます。

たとえば、「この商売が、上手くいくかどうかを占ってほしい」と言われたとします。もちろん、商売が上手くいって業績が上がり、働いている者みんなでいい思いができるようにというのは誰もが願うことです。ところが、そういった考えだけでなく、従業員を働かせるだけ働かせて、自分だけいい思いをしようとか、ライバルを蹴落として独り勝ちしたいとか、そういった思いが見え隠れする人が多くなっています。

人よりも稼ごうとするなら、人との競争に勝たなければなりません。相手が損をするかもしれないと思うよりも、まず自分が儲かることを考えます。相手を尊重するよりも、自分を優先します。競争に勝つためには、どんな方法を取ることも厭わなくなります。競争は、競争を生み、なかにはうまいことを言って、相手をだますようなことをする者も出てきます。人が嫌がることを言ったり、怖がらせたりして、お金を出させるようなことも考えるようになります。

がむしゃらに頑張って稼ぐのではなく、頭を使うようになります。それが、いい知恵を働かせるのならいいのですが、悪知恵を働かせるようになるから、問題が起きるのです。

私のところにアドバイスを求めに来る人の中に、「こんなにいい人が、なんでこんなつらい目に遭わなければならないのか？」と思わせる人がいます。また、ビジネスで大成功をしている人の中には、人のことを思うよりも自分のことを主張するばかりで、思わず「今はいいかもしれないけど、そのままだったらたいへんな目に遭うかもしれんよ」と言いたくなるような人もいます。

そういうことを、いいとか悪いとか、言っているのではありません。今が、そういう時代であるということなのです。それを理解し、それを踏まえたうえで、この時代を生き抜いていくためには、どうしたらいいかを知っておくことが必要だということです。

どうして上手くいかないのか。なぜ攻撃されるのか。気持ちが沈んでしまう理由はなんなのか。今、どういった人間が多くいて、なにを考えて行動しているのか。それに対してどのように応ずればいいのか、それを知らなかったら、ずる賢いだけの人間に食い物にされてしまいます。身ぐるみ剥がされて丸裸にされるだけでなく、心までもが蝕《むしば》まれてしまいます。

さまざまなものが渾然とした今を、「善と魔の時代」と私は言っています。

人はこの世に生きている限り、神仏の助けを受けることができます。だって、人は神仏の分身と言ってもいい存在なのですから、神仏は人を見捨てません。

必ず解決方法はあります。誰もが幸せに生きていくことはできるのです。そのヒントを、人からいただくこともあるでしょう。自分の中に見つけ出すこともあるでしょう。そのきっかけとなるアドバイスを、私のこれまでの経験と得た知恵の中から、少しでもたくさん届けられればと思います。

第一章

五行易と神仏の智慧

占術に込められた神仏の智慧

私は、占いと神仏からの教えを通して、さまざまなことを知りました。その一つひとつが、今のこの時代を生き抜くための知恵として、人それぞれに役立つものだと思っています。それをお伝えするためにも、まず私の考えの基本となっている、占術と神仏の教えにつながる僧侶としての私のことをお話しします。

私が用いている占術は、五行易です。

占術とは、森羅万象《しんらばんしょう》の動きを読み解き、人や事象とのかかわりを観察し、将来どうなるのかを予測するものです。さまざまな研究と、たくさんの実証を積み重ねて、統計的にまとめられているので、まさに〝学問〟と言えます。

占術にはいろいろな種類がありますが、五行易は昔の中国が発祥で、かつては国を治めるために用いられていました。国の存亡にかかわるものですから、精度はかなり高く、詳細を知るのは、国を動かす、ごく一部の者だけに限られていました。

五行易の五行とは、「木」「火」「土」「金」「水」の五元素を言います。

この世は、この五元素が密接にかかわり合って成り立っているので、五元素のそれぞれの状態と、お互いがどのように影響を及ぼし合っているかがわかれば、世の動きを予測できるというのが、五行易の基本的な考えです。

占術は学問ですから、知識や技術を身につければ、ある程度どうなるかの判断はできるようになります。しかし、単純にどうなるかだけでなく、自然の大きな流れの中で、どうしたらよくなるのか、なにをしてはいけないのかまで、内容を研ぎ澄ませなければ、本当に役に立つ占いとは言えません。伝えられてきた学問によって〝卦《け》〟を導き出し、そこからさらに、対象となる人や国や事象など、それぞれに適した答えへと高めていくのです。

そこには、学問的知識はもちろん、神仏の意図を読み解く力が必要となり、さらにその意図を人や国のためになるように判断する能力を身につけなければならなくなります。

この能力は、神仏の意図を読み解く力であるがゆえに、神仏から許しを得られた者にしか与えられないものだと、私は感じています。

それゆえ、その能力を授かった者は、占術を用いて、少しでも多くの人の役に立つように努め続けるのが、占い師としての役目となります。どんなに苦しいことやつらいことがあっても、神仏との間を取り持てることに感謝し、日々精進し続けなければならないのです。

能力を与えられればすぐに使いこなせるわけでもなく、神仏の意図に近づけるようになるまでには、たいへんな試練が待ち受けています。

占いをして見直し考え直し、また占いをして見直して考え直し、さらに占って見直して考え直す……。その繰り返しによって、神仏の意図を理解していくんです。意図に近づけたと思ったのに、まだまだだった。今度こそと思ったのに、今ひとつだった。その繰り返しがいつまで続くのかが見えてこないから、つらく苦しいんです。この苦しさを乗り越えられなくなった者は、占術を続けられなくなり、占いの世界からいなくなります。

本物の占い師とは、学問から導き出されたものだけではなく、人それぞれに届けられる神仏の意図を読み解いて伝えられる者のことを言います。届けられた意図には、神仏の智慧が込められているので、それによって人の苦しみは軽くなり、喜びが生まれます。国は繁栄し、民は幸せに暮らせるのです。

五行易はかつて国を動かす者のみぞ知る究極の占術だった。

結果が出る占術は神仏との深い縁による

占術を通して神仏の意図を理解し、それを伝えるのに必要なことを学んだのは、僧侶の修行や日々の行いからでした。私は、五行易の占い師であり、真言宗の僧侶でもあります。修行したのは、弘法大師空海の霊跡《れいせき》である香川県の善通寺と京都の東寺、それからやはり京都の泉涌寺《せんにゅうじ》と随心院。すべて、真言宗のお寺です。

もとから僧侶になろうと思っていたわけではありません。若いときは、会社員を経験したり、飲食店を経営したりしましたが、寿司屋をやっているときに知り合ったご住職に強くすすめられ、寿司屋をやりながら修行をして、僧侶となりました。働きながらの修行は、時間的にも体力的にもとてもたいへんでした。

役行者《えんのぎょうじゃ》が開き、修行したと言われる密教修行の場、奈良の大峰山《おおみねさん》には何度も足を運びました。丑三つ時、ちょうど午前2時ごろに御山に登る修行では、暗闇の中で

寿司屋経営と修行で大忙しの時代

滑落しかけたことが、一度や二度ではありませんでした。また、滝行を行っているときに気を失って流されそうになったこともありました。

修行は10年以上にも及びましたが、それでもなんとか続けられたのは、修行中にも常に神仏を身近に感じることができ、神仏から手を差し伸べられていると信じられたからでした。さらに、修行先のお寺の多くの僧侶からの助けがあったからこそ、なんとか自分のお寺を持つことができました。お寺は、聖真寺《しょうしんじ》といいます。私はそこの住職です。檀家さんはおりません。占いをしている難波千日前は、聖真寺の別院ということになっています。

お祀りしているのは、聖天《しょうでん》さんと十一面観音さんです。

「大聖歓喜天（歓喜天）」を親しみ込めて、聖天さんやお聖天さんと呼ぶのが一般的です。私は「聖天《しょうてん》さん」と呼ばせてもらっています。

聖天さんは、たいへん古くから信仰されています。神仏の中でも特別な存在と言われ、多くの神仏が、「こんな極悪非道な者は地獄に行かすほかはない」と言っても、「いや、一から百まですべて悪いということはないだろう。どこかしら、いいところがあるはずだ。小さいころにはニコッと笑って、母親を喜ばせたことがあったに違いない。ひとつでもいいところがあるんだったら、私は救う」という神仏なんです。

聖天さんは、いい者だけでなく、悪い者をも救うことで知られています。だから、魔の神仏と言われることもあります。お金の神仏でもあり、戦いの神仏でもある、人間の欲の部分に大きくかかわっている神仏です。ほかの神仏が聞いてくださらないような願いでも、聖天さんだけは聞いてくださるというところから、現世利益に秀でた神仏として篤く信仰されています。それだけ力のある神仏なのです。

この聖天さんの、あふれんばかりの力をコントロールしているのが、十一面観音さんです。

聖天さんと十一面観音さんは、一緒に祀られることが多いのですが、その理由はこのような物語からきています。

聖天さんと一緒に祀られている十一面観音さん

聖天さんは、善にも悪にも影響を及ぼす、力がたいへんに強い神仏であるがゆえに、時には暴走することもありました。あるとき十一面観音さんは、女性の姿で聖天さんの前に現れました。それを見た聖天さんは、ひと目惚れしてしまいます。

女性の姿をした十一面観音さんは、「私の言うことを聞いてくれるのだったら、一緒になってあげる」と言います。十一面観音さんは、聖天さんの暴走をなんとかしたかったんです。

聖天さんは、それを承諾して一緒になりました。それからは、十一面観音さんが聖天さんをコントロールするようになったということです。

だから、聖天さんと十一面観音さんは、常にご一緒に祀られているのです。

聖天さんは、真言密教では絶対秘仏とされています。そのお姿を目にすることができない神仏なのです。そんな聖天さんが、私の夢に現れてくれたことがあります。

占いをはじめたばかりのころ、眩しいほどキンキラキンに光り輝いて、夢枕に立ってくれたんです。

「あーっ、これが聖天さんなんだな」と嬉しい気持ちになりました。

それから、いろいろな奇跡が起こりはじめます。

聖天さんが夢に現れてすぐ、あるご住職が聖天さんの秘仏像を、私に授けてくれました。すると、「もっと自分を磨け、もっと人を見ろ、もっと人間の本質を知れ。そして、ひとりでも多くの、迷える者、苦しんでいる者に手を差し伸べ、心安らぐ者を増やせ。それをするんだったら、力を与えてやる」と言われているのが伝わってきました。

「わかりました。一所懸命に努めます」

私は、固く誓いました。

以降、占術で導き出される答えに込められた神仏の意図が、少しずつわかるようになりました。

占ってほしいという人も、引きも切らず訪れるようになりました。やがて、「あそこの占いは当たる」という噂が広まっていると、常連さんから聞くようになりました。

私にとって、占い師になることと、僧侶になって聖天さんと十一面観音さんに出会うことの両方が必要だったと、そのときに深く理解しました。

以来ずっと、私のお寺である聖真寺でも、難波千日前の別院でも、聖天さんと十一面観音さんを、大切にお祀りし続けています。


聖天さんと十一面観音さんは、たいへんに力があります。もともと聖天さんは気性の激しい一面がありますので、中途半端な気持ちでお祀りすると、とんでもないことになると言われています。それこそ、命がけで手を合わせて、やっと思いが通じるのです。だから、一般の人が御利益だけを得ようとして、聖天さんにお参りに行こうとしても、ご縁のない人は途中で気分が悪くなって、お祀りしているところに近寄れないといいます。何度お参りに行こうとしても、辿り着けないそうです。

それだけ力が強いのですが、また慈悲深くもあるので、心から信じてご縁を結ぶことができたら、たいへんな不思議を見せてくれるのです。

私は、聖天さんと十一面観音さんとご縁を結べたことにより、のちのち大きな気づきを得ることになります。それは、聖天さんの、「いい者も悪い者も救う」という考えによるものからの気づきでした。

聖天さんは悪人をも救う魔の神仏でもある。

占う人だけに届く神仏からのメッセージ

私のところに来たことのある人は、おわかりかと思いますが、私は五行易で占うとき、日本中の神仏に呼びかけるように祈ってから、八面体のサイコロを振って占います。

その人だけに届けられる神仏の智慧を受け取るために、「力を貸してください」「相談に来ている人に、なんとか知恵を授けてください」とひたすら祈るのです。

一所懸命に祈って、願って、その気持ちが伝われば、お名前を呼びかけられた神仏の中のおひとりでも、「よし、助けてやろう」と言ってくれると信じています。

もちろん、「そんなこと知らん」という神仏もおられることでしょう。しかし、神仏には、それぞれにお役目がありますから、「その手の悩みなら得意だから、ちょっと教えてやるか」という方が、きっといらっしゃるはずです。心を込めてお願いしていれば、気持ちは通じると思って祈ります。お祀りしている聖天さんと十一面観音さんにも、もちろんお願いをします。そして、相談に来ている人を護っている神仏にも、「なんとか助けてあげてください」と訴えます。

そうすると、その人を救うために「あれを言え」「これを言え」ということが、占いに出てくるんです。私は、それを読み解いて伝えます。

学問としての占いの答えだけでない、神仏の意図が含まれている、その人のためだけに届けられるメッセージですから、その人を決して裏切りません。だから、皆さんに喜んでもらえているのだと思います。

なかには、今どうしてもお金が必要だという人がいます。神仏が、「その者はこの世に必要な存在であり、生かしておいて世の中の役に立たせねばならない」と判断されたならば、その人を生かすための不思議が起こります。なんらかの方法で、お金が舞い込むことがあるのです。

一方で、神仏の智慧を利用して自分だけ儲けようとか、いい思いをしようとか、自分の欲を満たすために、おいしい話を聞こうとする人もいます。

私は、その人が稼いだ貴重なお金をいただいて、占いをするわけですから、その人のために心を込めて祈ります。だから、最初はだいたいその人の思いを叶えることができます。

でも、私から声をかけられた神仏は、占いに来ている者がどのような意図で来ているのかが、わかってしまうのでしょう。自分の儲けのためだけに利用しようと思って来た人はたいがい、しばらくするとスッテンテンになって、たいへんな目に遭うようです。

神仏は、人に罰を与えません。だから、罰でそうなったのではないのでしょう。神仏の意図は人間ごときには計り知れないものですから、神仏が「そんなことをしていてはいけない」と、なにかを知らしめようとして、そうさせたのかもしれないなあと、私は思います。

相手の企みに気づくと、私も2回目からはうまく逃げるようにします。

純粋に助けてほしいという思いで来られて、なんとかなった人でも、「それじゃあ、またおいしい思いができるように……」となると、今度はうまくいかなくなります。そこに「欲」が生じるからです。欲が強くなると、神仏の手助けが得られなくなってしまうのです。

欲深い願いは一度は叶っても2度目はない。

「欲」が「魔」を生み「災い」を招く現代

この「欲」が、今の時代、人を大きく変えてしまった要因です。欲がすべて悪いわけではありません。適度な欲は、向上心につながります。「もっと頑張ろう」と、やる気も引き起こします。「夢を叶えたい」という欲があるから、困難にも立ち向かえます。

その欲が、強くなりすぎるのが問題なのです。「強欲」という言葉があるように、欲が強くなると、いいことはありません。

私が生まれたのは戦争の真っただ中で、終戦を迎えたのは4歳でした。食べ物にも困った時代でしたが、そのころはお隣さんからお米を借りてきたり、ご近所で一緒にご飯を食べさせてもらったり、よくしていたものです。

今では考えられないことでしょう。でも、「みんな食べ物がないんだから、あるときは一緒に食べよう」といった時代でした。お金も物も食べ物もありませんでしたが、温かい人の心があった時代でした。

その後の高度成長に伴い、暮らしは豊かになり、お金も物も食べ物も思うように手に入れることができるようになりました。

人は豊かな生活を一度経験すると、さらに豊かさを求めるようになります。もっといい物がほしい、もっとたくさんほしい、もっとおいしいものが食べたい。そのためにはもっとお金がほしいと思います。もちろん、一度手に入れた豊かさは手放したくありません。もっと、もっとという思いが、「欲」につながります。手放したくないという思いは「執着」になります。

強くなりすぎた欲は、人よりも儲けること、人よりも先に手に入れることを考えるようになります。強くなった欲を満たすためには、競争に勝たないといけません。相手のことを考えるよりも、まず自分のことを考えます。優先するのは、まず自分自身です。すると、「自分さえよければ」との思いが強くなります。

さらに、手にした豊かさを、人に与えようとか、共有しようとは思わなくなります。この豊かさは自分のものだから、簡単には手放さないという思いも強くなっていきます。

「自分さえよければ」という思いと、手にした物は誰にも渡さないという思い、その両方が強くなると、失われるものがあります。「人の心」です。

目の前の儲けに目がくらむと、相手を思いやる気持ちはなくなってしまいます。手にした物に固執すると、相手に寄り添えなくなります。

金銭と物質を求める「欲」と「執着」が強くなり、「人の心」を失い、「自分さえよければ」と言う人が増えると、そこに「魔」が生まれます。魔は、やがて「災い」を招くことになります。

今の世の中に、人の欲が蔓延していることを証明する出来事を、いたるところで目にします。最近、私のところにも、詐欺まがいの人が来るんです。こういった人たちは皆、話がたいへんに上手です。聞いていると、本当においしい話に思えてきます。もちろんなかには、本当においしい話があるのかもしれませんが、お金にまつわる話や、人の欲をあおるような話は、たいがい魔の影響を受けていると思って間違いありません。「欲」が生み出す「魔」が企《たくら》んでいるのです。

とくに、年配者を狙った詐欺行為は、まさに「魔」のなせる技。たやすくお金儲けをしようとする、「人の心」を失った者が企てた、「欲」そのものの行為です。

現代を象徴していると、私は感じています。

「自分さえよければ」と主張する人が増えているのは、世界的な傾向のようにも思えます。

国を治める人が、「自分さえよければ」と言うとどうなるでしょう。世界的な企業の経営者が、「自分さえよければ」とビジネスを進めたらどうなるかを想像してみてください。そんなことが世界中で起こり続けたら、世の中が破綻するのは間違いありません。

自分の欲を満たすために、相手のことは考えずに、ひたすら競争に勝とうとします。そして、競争に勝つためには手段を選ばなくなります。そうなったら、人類は滅んでしまうのではないかと、私は懸念します。

今の世の中、人の心が失われてしまったために、天候や地球自体も乱れているように思います。地球の上げている悲鳴が、聞こえてきそうです。

この地球、この自然は、もともと神仏が創ったものだと私は考えています。この地球やこの自然を、人は自分の都合で好き勝手にしてはいないのです。

地球にしてみれば、人によって横っ腹に穴を開けられて、石炭を掘り出され、石油を汲み上げられ、あげく排気ガスをまき散らされ、地球全体の気温を上昇させられてしまっています。さらに海には、さまざまなゴミが流され、人が多く暮らす都市部は、地表をコンクリートで埋め尽くされてしまいました。

人は、自分たちの暮らしをよくするために、さまざまな工夫と努力をしてきましたが、それが「自分さえよければいい」という、行為になっていないかを見直さなければいけない時期に来ているように思います。

人の強い欲は、魔を生み出し、魔はやがて災いを招くことになります。私は、地球や自然が、これ以上、災いにさらされてほしくありません。

おいしい話はたいてい「魔」の影響を受けている。

表裏をなす善と魔の両方を救う

では、欲が強くなった者を排除して、人の心を持っている者を大切にすればいいのでしょうか。魔をすべて排除すれば、それで問題は解決するのでしょうか。

そういうものではありません。世の中には、魔が強くなった人もいれば、人の心を大切にしている人もいます。私は、そのどちらも救いたいんです。

これが、聖天さんの「いい者も悪い者も救う」という考えから、私が得られた気づきです。


世の中のすべてのものには、表と裏があります。陰陽の世界です。

昼があり夜があります。天があり地があります。剛があり柔があります。内側があり外側があります。プラスがありマイナスがあります。

すべて、どちらかだけではなく、両方あって成り立っています。

どちらかが強くなりすぎたり、あるいは弱くなりすぎたりして、バランスが崩れると、世の中は物事がスムーズに進まなくなり、人は体調を崩します。バランスが崩れた状態がいつまでも続くと、世の中には争い事が起こり、人は病気になるのです。

どちらかが強くなったり弱くなったりするのは、自然の中では普通に起きることです。それを知ったうえで、双方のバランスを取るように心がけるのが、とても大切なのです。

世の中にも、人の中にも、「善」と「魔」の両方が存在しています。

善はいいから必要で、魔は悪いから必要ない、排除してしまえ、というものではありません。魔が善のできないことを補って、善と魔のバランスが保たれることもあります。善が魔を抑えて、バランスを取っている場合もあります。

聖天さんが、善も魔も救うのは、人にはその両面があることを知っているからです。人には両面があるがゆえに、どちらかだけではなく双方に手を差し伸べるというのが、聖天さんなのです。善と魔の両方を救う聖天さんは、まさに人間そのものを救ってくれているのだと言えます。

「善」と「悪」としていないのには理由があります。

「魔」とは、人の善行を妨げる存在。あるいは、内面に生じてまどわせたり、悩ませたりするもの、外からもたらされる災いなどをいいます。

魔そのものが悪というのではなく、魔が生じることで、悪に近づいて善から遠ざかったり、悪に引き込まれたり、悪いことが度々起きたりする、魔とはそういう存在なのです。

この魔を、払えたり、除《よ》けたりできれば、善とのバランスはうまくとれるようになります。だから、『善と魔』と言っているのです。

占いに来られる人に、私はこんな話をすることがあります。

天に、神仏の使徒が１００人いました。あるとき、神と魔のどちらかにつかなければならなくなりました。すると、使徒の50人は神に、50人は魔に従うことになりました。使徒は同じ力を持っていたので、神も魔も使える力はまったく同じでした。

神も魔も、相手を滅ぼそうとはしませんでした。お互いの存在を認め、神は神の役目を、魔は魔の役目を果たしました。おかげで、世の中の均衡は保たれたのです。


現代は、一度知ってしまった、お金や物を手にする喜びから、もっと手に入れたいという欲が生まれました。手にした物は決して手放したくないという執着も生まれました。その欲と執着がだんだん強くなり、「人の心」をなくした「自分さえよければ」という人が増えてきました。強くなりすぎた欲と執着は、魔を呼び、魔は災いを招くことになります。

陰陽の世界では、常にバランスが大切なように、善と魔のバランスも取るようにしなければなりません。それでないと、世の中も、人も、今までにない災いを経験することになります。

私たちが生きている現代は、善と魔がたいへんに危ういバランスの「善と魔の時代」なのです。

善人だけの世の中なることがいいわけではない。

◎第一章のまとめ◎

五行易はかつて国を動かす者のみぞ知る究極の占術だった。
聖天さんは悪人をも救う魔の神仏でもある。
欲深い願いは一度は叶っても2度目はない。
おいしい話はたいてい「魔」の影響を受けている。
善人だけの世の中になることがいいわけではない。

第二章

「善と魔の時代」に出会う神仏の奇跡

この世に必要のない人は、ひとりとしていない

「善と魔の時代」にあって、魔の影響を自分の内に受けている人が今、増えていま
す。内部で強くなった魔の影響により、心は蝕まれ、気持ちは憂鬱にさせられます。

そういった人の多くは、このように口にします。

「どうせ私なんか……」

「私には無理です……」

さらに魔の影響が強くなると、この世に必要とされていないと思い込むようにな
り、つらさや苦しさと相まって、こう言います。

「生きている意味がわからない」

「生まれてこなければよかった」

そんな人たちに私は、こう話します。

「この世に、いらない人はひとりもいないんですよ」

この世に生まれてきている人はすべて、大きな自然の一部であり、欠かすことのできない存在です。

この世は、壮大な宇宙の中に、太陽があって、地球があって、その地球に水があって、海があって、陸があって、空気があって、火があって、さまざまな生命体があって、さまざまなものが存在している、その中の一部として人がいて、それで成り立っています。

この自然は、どれひとつ欠けても成立しません。水も空気も、太陽も地球も、さまざまな生命体も、どれひとつも欠かせないのです。もちろん人だって、なくてはならない存在なのです。

悠久《ゆうきゅう》の流れの中では、いつか太陽がなくなり、地球がなくなり、人類もすべての生き物も消えてなくなるときが来るのでしょう。それもまた自然の流れの一部。無限に広がる宇宙の中では、そういったことが繰り返されているのです。

たとえそうであったとしても、今このとき、同じこの世に存在している人が、大きな自然の中で欠かすことのできない存在であるのは確かです。縁あって、この世の同じ時期に生きている一人ひとりあっての自然なのです。

神仏自体が、大いなる自然であると言えます。この自然を創り上げた存在があるとしたら、それこそがまさに神仏です。

人は、神仏によって命を与えられて、この世に生まれてきた、大いなる自然の一部と言えます。神仏から、この自然とのご縁をいただいているんです。

それであるのに、自分をこの世に必要がないと思い込んでしまっている人は、苦しい状況や環境に目がいってしまい、神仏からご縁をいただいていることに気づかなくなっているのです。

人は皆、神仏からご縁をいただいた存在。

人は、あるがままに生きればいい

「なにをするために、この世に生まれてきたのか」

「世の中にどう必要とされているのか」

必要とされている実感を持てず、なんのために生まれてきたのかの答えが見つからないと、このつらさからはなかなか抜け出せません。

でも考えてみてください。「私は、〇〇をするために生まれてきました」と明言できる人なんて、そうはいません。

神仏が創ったこの世の仕組みは、繊細で緻密で、かつ複雑にできている、計り知れないものなのですから、そうたやすく理解できるものではないんです。

「なんのために……」を追求するよりも、まず絶対的に必要とされている欠かせない存在であると信じることが大事です。

人は、十人十色。100人いたら100タイプの、性格、気質、個性があります。みんなそれぞれ違っているのは、この大いなる自然においては、それぞれに異なる個性を織りなしたほうが、豊かな世界になるからです。

それに、よく言われることですが、たとえば強力なウイルスに人間が犯されたとき、みんな同じタイプの人間ばかりだったら、あっという間にウイルスに滅ぼされてしまうでしょう。それぞれにタイプが違っていれば、やられてしまう者もいるけど、平気な者もいて、絶滅を逃れることができます。そういうものなんです。それぞれにみんな違っているのは、生き残るための必然であり、それは神仏の智慧なのです。

ですから、必要とされている実感が持てないとつらく思ったり、なんのために生きているのかわからないと悲観したりする必要はまったくありません。

神仏が、この世でどんな役割を与えたのか、わかっていないとしても、ひとつのピースが欠けたら、この世は成り立たなくなってしまうのですから、自分自身は必要とされているピースのひとつであると信じて生きればいいのです。

以前、寝たきりで意識もハッキリしなくなった人は生きている価値があるのかどうかということが、話題になったことがありました。

もちろん、あります。

その人の家族や親族は、たとえ話ができなかったとしても、生きていてくれるだけで嬉しく思います。生きていてくれることが、身内の頑張って生きようという力にもなります。

さらに広い目で見ると、寝たきりの人がいることで介護職の人は、仕事に就いていられるとも言えます。介護用ベッドを作っている会社は、寝たきりの人がいるから商売になっているとも言えます。

世の中は、当事者もわからないほど複雑多岐に縁が組まれているのです。そして、その縁が切れてしまったら、悲しむ人がいるのはもちろん、縁によって生かされていた人たちにまで、影響が及んでしまうのです。

生きている限り、世になにかを残さなければいけないとか、これまでにないなにかを創造しなければいけないとか、斬新な考えを発信しなければならないとか、行動を起こして前に進まなければいけないとか、そんなことすら考えなくていいんです。人はそれぞれに、あるがままに生きればいいようにできているのです。

その中でも、人にちょっとでも喜んでもらえるとか、少しでも幸せな気分になってもらうとか、ふっと微笑んでもらうとか、それができればもう十分なのです。

少しだけ人のためになれば、それで十分と考える。

自分にしかできない役割があることを信じる

「でも私は、誰も幸せにしていない」「誰かを笑顔にもしていない」と言う人がいることでしょう。

神仏が創ったこの世の仕組みは、人智をはるかに超えたものなので、気づいてないだけなのです。実は、知らないところで、幸せを感じてくれている人がいるかもしれません。喜んでくれている人は、きっとどこかにいるものなのです。近くにいるひとりの人が、あなたの仕草を見てくすりと笑い、その微笑ましさが10人に伝わり、さらにそれから100人、1000人と広がっているかもしれません。

それを実感できないから、つらく苦しい思いになってしまうんですよね。

人は生まれてくるときに、神仏から、この世の中を構成する一部として、なんらかの役割を与えられてきています。多くの人を導く役割かもしれません。隣にいる人をそっと支える役割かもしれません。目の前の人を楽しませる役割、遠くの人に安らぎを与える役割……。

役割は、一人ひとりに与えられているものですから、それぞれにみんな違っています。十人十色、百人百色、千人千色、10億人には10億通りの役割があります。

実は、いいことばかりではありません。この世には善と魔が同居していますから、悪いことをする役割の者もいます。罪人がいなければ、警察官は職にあぶれてしまいます。いい悪いの問題ではなく、世の中の仕組みがそうなっているだけのことです。

誰かから、ひどい仕打ちを受けたとしたら、「なぜ、自分はこんなにつらい思いをするのか」と思うでしょう。すると、「自分は、そのような仕打ちを人にするのは絶対にやめよう」と思うようになります。それが、それぞれの役割だと考えることもできます。神仏が、「人の心」を知らしめるために、お互いが縁を持つように仕組んだのかもしれません。

頭のいい人は、頭のいい考え方をします。エリートは、エリートならではの行動をとります。雑草のような人は、踏まれても踏まれてもたくましく生き抜こうとします。それはそれでいいのです。どちらが正しいとか、理にかなっているとか、そういったことではないんです。エリートはエリートの役割があり、雑草には雑草の役割があるのです。

たとえ今、自分自身で実感できないとしても、そのままの自分でいることが素晴らしいことなのです。

人と比べる必要はありません。人をうらやむ必要などなく、自分を残念だなんて思わなくていいんです。

ただ、神仏が与えた、自分だけの役割があると信じ、あるがままの自分でいれば、いつか神仏から与えられた役割を果たすべき時が必ず来ます。いや、もうすでに果たしているかもしれません。

悪いことをする者がいるのもこの世の仕組み。

自分の役割を果たすためにやるべきこと

「あるがままの自分でいればいいというのはわかっていても、なかなかそれができないんです」とよく言われます。

小さいころから親や先生に、「もっと頑張れ」「もっとできるはず」と言われ続けた人は、自分でも「もっと自分を高めなければ」と思い込んでしまいます。そのままの自分でいるのではなく、頑張って上を目指さなければならないと教え込まれ、今よりももっとよくなろう、もっと偉い自分になろうとします。実はそこに、欲が生まれています。

高い目標を目指すためには、人との競争に勝たなければなりません。そのためには、人を蹴落として……と思うことがあるでしょう。すると、そこに魔が生まれ、人の心が失われます。

なかなか目標が達成できないと、周りからは「なにをやっているんだ」と非難され、自分でも自嘲するようになり、自己嫌悪に陥ることもあります。

欲は、成長させる糧《かて》にもなりますが、人の心を失わせる原因ともなります。

「もっとやらねば」と「できない自分が嫌だ」のどちらにしても、あるがままの自分がなんなのかが、わからなくなってしまっています。

また、小さいころから「お前はダメな人間だ」とか、「能力がない」と言われて育ってきた人は、大切な人の心が十分に育ってない場合があります。

本来の役割を果たすために十分な力があるのに、自分で「小さな人間だから」とか「自分にはそんな能力はない」と思い込んでいます。この場合でも、あるがままの自分が見えなくなっています。「人の心」というのは、相手を思いやるばかりでなく、自分を大切に思う心でもあるのです。

周りがなんと言おうと、人からどう見られていようと、自分自身の存在を信じることが、とにかく大切です。


「私はこのままでいいんですね?」と聞かれれば、その通りですと答えます。でもあるがままに生きるというのは、そのままなにもしないで流されるままに生きていればいいということとは違います。

人は、この世に生まれてきたときに、この世の役割を果たすのに必要な才能と能力を神仏から与えられています。役割を果たすためには、その才能と能力を磨き上げて、十分に力を発揮できるようにしなければなりません。

それに気づけば、流れに任せて生きていてはいけないと感じるようになります。

ボーッと生きている場合じゃないんです。

自分自身の存在を信じて与えられた才能を磨く。

持って生まれた才能を磨いて得られる手助け

神仏から与えられた役割があるのに、それを果たせていないとき、人は生きていて、なんとなくしっくりこないと感じたり、つらく苦しい思いにとらわれたり、どうもうまくいかないと感じたりするものです。

役割を果たす時が来ているのに、使うべく才能や能力が上手く働かず、その力が発揮できない状況になっているのです。

宝石は、原石のままでは宝石としての価値はありません。磨いて磨いて輝くようになってやっと、宝石となります。神仏から与えられた才能や能力は、宝石の原石と同じで、磨かずに放っておいては、輝けずに、それこそ「宝の持ち腐れ」になってしまいます。

また、それぞれの才能や能力は、種や苗の状態にも似ています。

宝石を磨かなければ輝かないように、種や苗は、植えなければ育ちません。手入れを怠れば、枯れてしまうこともあります。手入れをして、大きく育てば収穫ができ、それをまた次の収穫へとつなげることもできます。

神仏から与えられた才能や能力は、宝石の原石や種や苗と同じです。丁寧に一所懸命、磨き続けて、手入れを怠らないようにしなければ、役割を果たせないのです。

実際に、どんな役割を与えられていて、どのような才能や能力を与えられているのか、自分ではなかなかわかりません。でも、「〇〇が、私が神仏から与えられた役割です」と確信できなくでも大丈夫。生きていく中で、なんとなく感じ取ることができるようになっています。実は、答えは自分の中にあるので、自分で発見しなければならないのですが、違っていればなんとなく違和感があるし、合っていれば心地よくいられるはずです。

これまでの人生で、人から「ありがとう」と感謝されて嬉しかったことや喜んでもらえたこと、自分でやり始めると楽しくて仕方がなく夢中になれること、そういったところにヒントはあります。

子どものころ、歌を歌ったら家族みんなが喜んでくれた。絵を描いたら、みんなが褒めてくれた。そういった記憶はありませんか。

人が喜んでくれたことや、笑顔になってくれたこと。自分でやっていて心から楽しく夢中になれたこと。あるいは、人が気づかないようなことに気づいたことをか。それが、この世の一部として存在している意義かもしれません。

私はこれまでに、さまざまな人に出会い、だまされたり裏切られたり、時には助けられたりもしながら、人の表と裏を嫌と言うほど見せられてきました。なんで私だけこんな目に遭うのだろうと思ったこともありましたが、今となっては、この仕事のためだったんだとわかります。つまり、占いで人を助けるという役割のために必要だったんです。すべての経験が役に立っているから、どんな人が来ても、どのような困難な出来事を相談されても、今までの経験の引き出しの中から、その人に合った答えを導き出せます。しかも、それを伝えると、「ありがとうございます。

助かりました」と言葉をいただける。「楽になりました」「救われました」と言っていただくと、本当に嬉しくなります。気づかない時期もありましたが、今になれば、これが私の役割なのだとよくわかります。

役割とは、やらなければいけないものではなく、人が喜んでくれることや、自分が楽しいと感じること、あるいは自分の得意なことにあるようです。ですから、自分がやっていて楽しいことや得意な分野で、才能や能力に磨きをかけていれば、おのずと役割に近寄っていき、いつの間にか役割を果たすことになるでしょう。

あるいは、何度も繰り返し訪れる出来事に対して、どういうことなのかを考えてみることです。そこで、気づくことがあるかもしれません。

才能や能力に磨きをかけずにほったらかしにしていると、神仏は「いいもんを与えたのに、なにをしているんだ」と思い始めます。「サボってないで、少しは与えた才能に磨きをかけなさい」と、お怒りになられるかもしれません。

一所懸命、磨きをかけている人に対して、「頑張っているようだな。それなら
ちょっと手助けしてあげるか」となります。
神仏を信じて、そして自分自身があるがままで、もっとも自分らしく生きていれ
ば、神仏の手助けも受けられるようになるのです。

生きていればなんとなく、自分の役割がわかるようになってくる。

他者が気になるときに楽になる方法

自分を信じればいいと思うものの、人の才能や能力が気になってしまうことはよくあります。

どうしても、隣の芝生が気になってしまうのが人間です。そこには、自分のところよりも青々とした芝生があって、うらやましく思ったり、不公平だと感じてしまったりします。実はそれ、心の片隅に小さな欲が生まれているんです。

「いいなあ、なんで私のところにはないんだろう」

「あれだけの庭がウチにもあればよかったのに」

「私はこんなに頑張っているのに、なんで隣ばかりがいい思いをするのか」

どうしても、人と比べると、他人のいいところが目に付き、自分の悪いところばかりが気になってしまいます。

見なければいいと言われても、目に入ってくるんだからどうしようもありません。

「人との比較」は、欲を生み、魔を育て、苦しみを増やす原因になります。

人は、思い込みによって、見えるものが違ってくるといいます。見ようと思うものは見えるけれど、見たくないものは目に入りません。

人のいいところと自分のよくないところばかりを意識すると、そればかりが強調されて意識に残ってしまいます。

人と比較しないのがいちばんいいのですが、それでも気になってしまうときは、見る目を変えてみることです。

正面から見ていると、正面の姿しかわかりませんが、すべてのものには表と裏があります。裏から見るなど、視点を変えて見てみると、違った一面が見えてきます。

実は、隣の芝生は手入れがものすごくたいへんで、時間と費用が膨大にかかっているのを知るかもしれません。鮮やかに見えていた色は、実は着色したものだったとわかるかもしれません。きれいに整備されているように見える芝生をよく見たら実は人工芝で、自分のところの天然芝のほうが断然よいと気づくかもしれません。見え方は、時間の流れによっても変わります。今日はよく見えたけど、明日になったらたいしたことなく見えるかもしれません。それに、案外、手に入れてみたら、すぐに飽きてしまったということも、よくあることのようです。

人は正面からだけでなく、裏側からも見てみる。

最悪の事故から得られた大切な教え

視点を変えることは、相手に対してだけでなく、自分にも用いることができます。たとえば、「どうして上手くいかないんだろう」と嘆いている自分がいたときに、その自分の置かれている立場や状況を、いろいろと視点を変えて見てみます。すると、実はすでに最悪の状態は脱していて、回復しつつあることがわかったりします。ずっと暗闇をさまよっている自分がいて、「このままの状態が続くのか?」と思っていたのに、視点を変えて見てみたら、実はもっとひどい暗闇に飲み込まれるところを、その程度に救ってくれているのがわかった、となるかもしれません。

私が、とんでもない魔に襲われたと思った出来事がありました。

20年以上前、高速道路で車に追突される事故に巻き込まれたのです。嫁さんと愛犬と一緒に、生駒山の聖天さんにお参りに行く途中のことでした。

その日は、家を出る前からなんとなく嫌な感じはしていたんです。

でも、ご縁をいただいている聖天さんにお参りに行くのに、まさか災いに巻き込まれることはないだろうと、大丈夫かどうかを占ってみることもなしに出かけました。

高速道路に乗って間もなく、嫌な感じが強く襲ってきました。

ふっとバックミラーを見ると、後ろからすごい勢いで走ってくる車が目に入りました。時速200キロくらい出ていたんじゃないかと思います。後で聞いたら、居眠り運転でした。

追突された瞬間、嫁さんは「もうこれで終わりだ」と思ったそうです。

私は、路肩のほうに回りながら滑っていく車のハンドルを最後まで握って、この辺りだったら大丈夫というところに突っ込んで車を止めました。

JAFを呼んで来てもらい、私は潰れた車の中から引っ張り出されましたが、足の骨が折れていました。車はペシャンコなのに、嫁さんと愛犬はかすり傷程度で済みました。

ＪＡＦの人は、潰れた車を見て、「これはもう鉄くずですね」って……。

神社にお参りに行くのに、なんでこんな事故に遭うんだと、誰もが思うでしょう。もちろん、私も嫁さんも、きっと愛犬もそう思っていたに違いありません。

魔に襲われたか、なにか罰が当たったんじゃないかとも思ったのですが、どうも違っていたようです。神仏から、とても大事なことを教えられていました。

それは、神社にお参りに行くのだから悪いことは起こるはずがない。結婚式に参列するのだからよくないことは起こらない。お葬式に行くときにトラブルに巻き込まれるはずがない……と、どうしても思いがちですが、それは人の勝手な思い込みだということ。どんなときでも魔は付いて回ります。魔が災いを招くこともあります。なにが起きても不思議ではないんです。

それを知ったうえで、嫌な感じを受けたときには、慎重を期して運転なり行動して、外からどんな魔が襲いかかってきても対応できるように、常に心構えと準備をしておけと教えられていたんです。それよりなにより、大事故にもかかわらず命までは取られなかったということは、まだ生きて、「この教えを広く伝えよ」と言われているということにも気がつきました。

「どんなことにも魔が付いていて、災いを起こすことがある」

「自分が信じ込んでいる〝絶対にこうだ〟はない」

「だから、備えは常にしておかなければならない」

これは自分を護るためにも役に立つのはもちろん、占いに来られるさまざまなご相談者の魔の対応の仕方のアドバイスにも生かされています。

つらい状況や上手くいかない状態が起きたり、続いたりすると、そのことにとらわれてしまいがちですが、見方を変えることで、起きている状況の意味を理解できることもあるのです。

「よい行いをしているから悪いことは起こらない」は勝手な思い込み。

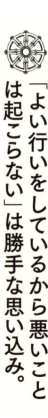

神仏の奇跡に出会うためには

たとえ今が、どんなに苦しい状況であったとしても、それが永遠に続くことはありません。神仏は人に対して、どんなときでも罰を与えることはしませんし、不幸な状況を与えるということもしません。ですから、抜け出すきっかけは、必ず見つかると信じることです。

ただ、どうしても「なんで自分ばかりが……」と思ってしまいます。そんなときには、「それでも、こんないいこともあったなあ」と、気持ちや見方を変えてしまうのです。そうすれば、少しは潤いが生まれてくることでしょう。

少し余裕が出てきたら、変化を起こすために、今の自分がやっていることを、しっかりと見つめ直します。じっと留まっているだけでは変化は起きませんから、自分で少しずつ行動を起こすのです。

まず、今の自分が己の欲を満たすだけになっていないか、なにかに執着していないか、よく観察してみます。それまで、上手くいっていたことが、上手くいかなくなったのはなぜなのかを分析します。

頭の中には、自分なりのプランをたくさん用意しておきます。ひとつやふたつでは足りません。10や20でも足らないくらいです。

「これでダメだったら、あれをやったらどうなるだろう」

「それでもダメだったら、次の手はどうだろう」

「ここを少し変えてやってみよう」

「まったく違うアプローチをしてみよう」

自分を信じて、次から次に頭にあるプランを繰り出していくのです。そうすれば、不思議と上手くいくことが、ひとつやふたつは出てくるものです。

世の中、常に変化し続けています。今までこうだったから、やり方を変えたくないとか、そんなやり方で上手くいった話は聞いたことがないといって、今までの常識にとらわれた発想のままでいたら、取り残されていくだけです。

人の好みも喜びも、幸せと感じることも変わります。世の中の環境や状況は常に変化します。変化を認めず、変わることを拒んでいると、苦しみはいつまでも拭い去れず、残り続けます。

手放せるものがあるなら手放します。なくても不自由ないなら、それはもういらないものと考えます。

欲を手放し、執着から解放されれば、気持ちは楽になります。

自ら変わろうとすれば、状況は変えられます。その変化によって、自分の人生が新たに作られていくのです。

上手くいっていないときこそ焦らずに、ゆっくりと考える時間を意識して持つようにします。そこで自分を見つめ直し、さまざまなプランを考えます。そして、少しずつ頭の中のプランを繰り出していきます。ダメだったら、それはそれで〝ダメ〟を学習したことになり、同じ失敗を繰り返さなくて済むと考えます。それをめげずにやり続けていると、神仏の奇跡に出会えるのです。

神仏を信じているからと、ただ「棚からぼた餅」を待っていても、いつまで経っても、ぼた餅にありつけることはありません。信じて、考え、行動を起こし続けているうちに、神仏は、「ほれっ！」と、ご褒美が突然舞い降りてくるような奇跡を起こしてくれるのです。

神仏を信じるだけでは「棚からぼた餅」はない。

善行ばかりでなく悪態をつくのも時にはOK

「私は普段から、悪いことはしないで、よい行いをしようと意識しています」という人がいます。

善行というと、よい行い、道徳にかなった行いという意味ですが、〝単純になにかよい行いをすれば善行になる〟というものではありません。

なにかが起きたときに、その出来事に対して自分のできる精一杯で対応します。そして、そのやったことに対して、「それしかできなかった」と自分を批判するのではなく、「やれることをやりきった」と、やったことに納得し、満足するんです。

それが、自分にとっての善の行いです。

なかなか満足できなかったり、納得できなかったりもするでしょう。でも、起きた出来事や自分の行動に、「どうしてこんなことに!?」と思っても仕方がありません。そもそもこの世の中、自分が考える最高の状況や理想の状態が、実現するほうが少ないんです。なぜかといったら、どうしてもそこに欲が入ってしまうから。それが、この世の現実なんです。

それでも、「自分は納得いくまでやった。よし!」と自分を認めることが善行となり、そしてよりよい生き方につながるのです。

人間は、善の心だけでは生きていけません。善と魔の両方を持っているのですから、魔の心があることも自覚しておくことが大切です。

もちろん私の中にも、善と魔があります。

私なんか、魔を抑えるのがたいへんなときが、よくあるんですよ。

電車に乗って、家から難波千日前の別院まで来るときに、混んでいて座れないことがあります。

棒を掴んで必死に立っているんですけど、目の前に座っている若者がいたりすると、「あんたもいつかは歳取るんやで」と、恨み言のひとつも言いたくなります。

頭の中で、そんなふうにグチっていると、結構スクッと立っていられるものです。

普段は、私の中にある善が魔を抑えてくれているんですけど、いつもそればかりじゃね。だから時には、心の中で悪態をつくのも、いいんじゃないかと思っているんですよ。

これは私にとっての、善と魔のバランスをとる、ひとつの方法です。

人は善の心だけでは生きていけない。

つらさや苦しみを乗り越えて手にするご褒美

高齢者が増え、親の介護をする人も随分と増えています。介護が長く続くのは、たいへんにつらく、苦しいことです。「いったいいつまで続くのか……」と、心もクタクタになってしまいます。

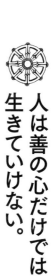

私のところに、「母が、いつごろ亡くなるかを占ってください」と訴えてきた女性がいました。このままでは、介護に疲れ果ててしまい、自分がもちそうにないという話でした。

私は、そう聞いたときに、少し不安を感じました。

「介護がいつまで続くのか」と、「いつごろ亡くなるのか」という聞き方は、同じことのようで、まったく違っているからです。

「悪いけど、私がいつごろ亡くなると言って、それが当たったとしても、ちっとも嬉しくないし、ましてや神仏は人の定めを知らしめるのを望んでいないから遠慮します」と、私は伝えました。

それでも、先が見えないのがつらすぎる、せめていつごろまで頑張ればいいのかを教えてほしいということでした。そう言うのなら仕方がないと、「何月のこのくらいまでは、とにかく一所懸命親孝行するように」と伝えました。

死は、神仏の定めたものですから、私にはわかりません。人間の平均寿命が80何歳だといっても、1歳や2歳で亡くなる子どももいますし、大人でも、明日突然死んでしまうかもしれません。生き死には、人が知ることができるものではないんです。

神仏からは、「それまでは、一所懸命親孝行ができる期間だ」「それができれば、そこから先はまた変わることもある」と言われているように感じていました。

その女性は、たかだか占いと思って聞いたのかもしれません。とりあえず聞いてみて、少しでも自分が楽になれば、それでいいと思ったのかもしれません。

そうしたら、私が言ったちょうどその時期に、お母さんは亡くなられてしまわれました。

その女性は、「これでやっと楽になる」と周りの人にもらしたそうです。

私は、それを人づてに聞いて、災いが起こるかもしれないと思いました。

その女性が、「自分さえよければ」という思いにとらわれたままだったら、災いを招きかねないと感じたのです。

少しでも、自分をお母さんの立場に置き換えて考えられたら、「自分さえ……」という思いにならなかったはずです。残された時間を大切にして、お母さんに、これまでの感謝の気持ちをもっと伝えられたはずです。それができていたとしたら、違った未来になったかもしれないと私は思いました。

神仏は、人が思いもよらぬ奇跡を見せることがあります。人にとって、時にはそれが、特別なご褒美だと感じることがあります。また時には、代償を支払ったと感じることもあります。どうとらえるかは、人の判断です。神仏は、ご褒美を授けよう、罰を与えようと考えているわけではありません。人の思いや行動に対して、当たり前の結果を与えているだけなのです。

親への思いよりも、自分の都合が優先してしまったと私が感じた、その女性からは、大きな代償が支払われました。

翌年に、とても大事にしていたご主人が、突然亡くなられてしまったのです。

親の介護をしていて、本当につらく苦しい時間が続くと、身も心もヘトヘトになってしまいます。そこで、少しでも楽になりたいと、誰もが思います。

ただそこで、自分の中に生じ始めている魔に気づき、それが強くならないように意識することは大切です。自分の中の善と魔のバランスを考えて、時には私のように〝心の中で悪態をつく〟のもいいのです。介護を少しの間、人に任せて、自分のためのだけの時間を作るのもいいことです。一杯一杯になってしまっている自分に、考える余裕や思いを取り戻す時間を用意するのも大切なのです。

つらさや苦しみは、永遠に続くものではありません。大切なものは、一度失われたら二度とは戻ってきません。永久の別れの後では、もう二度とできないことがたくさんあります。それを頭の中で整理し、自分の中の善と魔のバランスを取りながら、「人の心」をもって接することができれば、ご褒美と思える奇跡の時を過ごすことができるのです。

どんなときでも「人の心」だけは忘れない。

◎第二章のまとめ◎

人は皆、神仏からご縁をいただいた存在。
少しだけ人のためになれば、それで十分と考える。
悪いことをする者がいるのもこの世の仕組み。
自分自身の存在を信じて与えられた才能を磨く。
生きていればなんとなく、自分の役割がわかるようになってくる。
人は正面からだけでなく、裏側からも見てみる。
「よい行いをしているから悪いことは起こらない」は勝手な思い込み。
神仏を信じるだけでは「棚からぼた餅」はない。
人は善の心だけでは生きていけない。
どんなときでも「人の心」だけは忘れない。

第三章

「魔」から身を護る方法

忍び寄る「魔」から身を護るには

「善と魔の時代」には、さまざまな魔が生まれます。

その魔に対して、どう身を護るかが大切です。

「私は善で生きよう。そうすれば、きっと神仏が守ってくれるはずだ」と、思う人がいるでしょう。

私は、こう伝えます。

「人は善だけでは生きていけません。なぜかといったら、善と魔は表裏一体の関係だからです」

どちらかだけの存在ではないんです。表側だけを認めて、裏側はないことにするのは、見ないようにしているだけで、なんの解決にもなりません。突然、裏側が表側に侵略してきたら、対応のしようがありません。まず、どちらもあることを認めるのが大切です。

外から近づいてくる魔に取り込まれないようにするためにも、魔のことを知っておくのは大切です。これは善だなと思っても、そこに魔が潜んでいることがあります。魔が近づいてきたなと思っても、実は善の働きをすることもあります。どのような魔があって、どのような災いを招く恐れがあるのか、魔を詳しく知っておくのは、自分を護るためにも大事なことなのです。

魔が近づいてくると、「嫌だ、来ないで」「あっちに行け！」と、拒絶して遠ざけたくなるものです。しかしこのときに、動揺・混乱する気持ちを少し落ち着かせて、これはどんな魔なのか、どのような災いを自分にもたらすのか、あるいは人にどのような影響を及ぼすのかを見てみるのです。

それができるようになると、魔への対処のバリエーションが増えていきます。

第一章で、詐欺まがいの人が私のところによく来ると言いました。

そのときに私は、たとえばこのような対応をします。

どんなにおいしそうな話でも、「この話についている魔は、どんな魔だろう」と考えながら話を聞くのです。どんなにおいしそうな話でも、「これは危ない話に違いない」くらいに思って話を聞いています。

儲かる話の裏側には、損をする人がいるはずです。世の中、表裏一体なんですから。儲かる反対側は、必ず損失があるんです。ですから、「儲かりますよ」と言われたら、「じゃあ、裏側で損をするのは誰なんだろう」と考えるのです。誰が損をするのかわからなかったら、それが自分になるかもしれないと考えます。表と裏の両方を知ろうとすると、危ない話には乗らなくて済むことになります。

魔がついている話に乗らなければ、魔は働かず、災いは起きません。

怪しそうに思える話に、「ああそうなん。でも、ごめんなさいね、今はいいわ」と断ることができたら、魔がもたらす災いを回避できたことになります。またそれは、悪いことをしようとしていた人に、悪いことをさせなかったという、善の行為にもなるのです。

どんな話でも、必ず表と裏があると思って聞いていれば、知恵を働かせることもできるのです。「絶対に儲かりますよ」と言われたら、「誰が損をするのだろう」と知恵を働かせられれば、詐欺でだまされる人も減るのではないかと思うのですが、どうでしょう。

自分が人からされて、泣くほど嫌でつらい思いをした行為は、自分にとっては魔です。しかし、された同じ行為を、自分は人に対して絶対にやらないと決めたら、それは自分の中で善に変わります。

これは善、これは魔と決めつけないのです。こうなった場合は、喜ぶ人がいるが、悔しがる人もいる、幸せになる人もいれば、つらく思う人もいる。善と魔は、表と裏の関係と理解して、自分の中の引き出しにしまっておくようにするのです。引き出しの数が多くなればなるほど、さまざまな出来事に対して、たとえ魔が近づいてきたとしても、応じやすくなっていきます。

儲け話は「裏で損をするのは誰か」を気にしながら聞く。

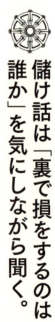

近寄る魔には「魔をもって魔を制す」

私は、小学生のころ、体が小さく細くて運動がそれほど得意ではない子どもでした。体育の授業では、本人は一所懸命にやっているにもかかわらず、先生からは、「もっと真面目にやれ！」とよく叱られていました。そんな、体の弱い子どもだったからか、今でいう〝いじめ〟に遭っていました。

体の大きな子が中心となって、あれこれと意地悪をするのですが、あるとき私は意を決して、帰り道にその子を待ち伏せして、「なんで、意地悪をするのだ」と詰め寄りました。その子は、まさか普段おとなしい私が、そんな反抗をしてくるとは思わなかったのでしょう。それからは、ピタリといじめはなくなりました。

今、考えると、体の大きな子にしてみれば、軽い気持ちで接していただけなのかもしれません。自分が魔と思ってはいなかったでしょう。それでも、私にとってはたまらないほどつらく魔を感じていたのです。

また、学校を出て、会社勤めをしているときに、こんなこともありました。

勤務中に、同僚が近づいてきて、こんなことを言ってきました。

「実は今、免許取り消しになっていてな……」

「それやったら、車を運転したら、あかんやろ」

「そやな、バレたらあかんな」

「そやで、バレたらあかんし、事故でも起こしたらたいへんやで」

そんな会話をしたのですが、結局、運転して営業に行ってしまいました。そうしたら案の定、事故を起こしてしまったのです。

そのときに、その男がなんと言ったかというと、

「赤部さんが、乗ってもいいと言ったから運転した」

上司から呼び出された私は、「そんなこと言うたんか！」と怒鳴られました。

「免許取り消しになっているけど、営業に行くのに運転しなければならないと、わざわざ言いにきました。けど、私は乗ってもいいとはひと言も……」

なにも問題が起きなければいいなあと、心配していた私。ところが、そんな心配もよそに、いつの間にか私が乗ってもいいと言ったことになっていたとは……。まさかこんなことで、私に災いが降りかかるとは、思ってもいないことでした。

「人って怖いなあ。自分の立場を守るためなら、人を陥れるようなことができるんだ」と思ったもんです。

それから、その同僚とは一線を引いた付き合いをするようになり、それ以降、トラブルに巻き込まれることはありませんでした。

魔が近づいてきたときの対処の仕方はひとつではありません。魔によって千差万別あると言っていいでしょう。

たとえば、災いを招きそうな魔を含んだ何者かが近寄ってきたとき、こちらも魔を用いるという知恵の働かせ方もあります。

「毒をもって毒を制す」ということわざがありますが、「魔をもって魔を制す」のです。

「毒をもって毒を制す」というのは、解毒をするのに、別の毒を使うということです。私たちが普段、口にしている薬だって、ウイルスなどをやっつけるために、ウイルスだけに効くように毒性を抑えた〝毒〟を用いています。量を間違えれば、毒として作用します。

魔＝毒ではありませんが、魔は使いようによっては、魔を制することができるのでたいへんに役立ちます。

私が思うに、戦争をしないという憲法は善の考えです。そこに海外の国が、領海を侵犯したり、ミサイルを発射して脅威をチラつかせたりするのは、魔を見せている行為と言えます。

その魔に対して、同じ力の魔を使えば、災いを招きかねません。つまり、戦いが起きる可能性が高まるということです。

魔に対しては、攻撃や反撃をしないで防御するのが基本です。ただ、防御だけでは近づいてくる魔に対抗できないので、そのときには少しだけ魔を見せることも必要となります。

たとえば、護衛艦を航空母艦化する準備をするとか、新たな武器を購入する予定があると喧伝《けんでん》するとか……。そのように魔を見せることで、「魔を制す」働きが生まれるのです。見せるだけです。使いません。使ってしまうと、魔が強くなり、災いを招いてしまいます。量を間違えると薬も毒となるように、魔の見せ方の強さを間違えてはいけません。ほどよい加減が大切です。

魔に対応するときに忘れてはいけないのが、「人の心」です。人の心が弱くなると、そこに欲心が生まれます。欲心は、それで金儲けをしようとか、自分さえよければいいという思いです。

魔を知恵として利用するには、善とのバランスと、人の心がとても重要です。魔と魔が、そのままぶつかると、そこに生まれる災いは、とんでもなく大きなものになってしまいます。善と人の心は、災いが大きな戦いにならないように抑える力となるのです。

魔は見せるだけ。使ってはならない。

時には「魔から遠ざかる」選択をする

魔と対峙をしないという方法もあります。

人の心を失い、魔の働きが強くなっている人に対して、とくに有効です。

人は誰でも、自分の中に善と魔を持っています。魔よりも善のほうが強く、人の心がきちんと働いていれば、相手の立場になって考えることができます。自分がやろうとしていることを、自分がやられたらどう思うだろうかと考えることができます。大切な家族や、親しい人たちがやられたら、許せるかどうかを、立場を変えて考えることができます。

しかし、魔が善よりも強くなっている人は、相手のことを考えずに行動に移します。やられたら嫌だろうなという想像力はまったく働かず、むしろ相手が嫌がる行為を好んで行うようになります。

こういった魔は、お金が欲しいとか、物がほしいといった欲から生じた魔とは違い、世の中に認められたいとか、自分をもっと誇示したいといった、承認欲や自己顕示欲、支配欲といった欲から生まれて巨大化したものです。

「目立ちたい」とか、「人よりも強く見られたい」とか「相手よりも上にいたい」といった欲が強くなりすぎると、人はその欲のはけ口を、自分よりも弱い者に向けます。

幼い子どもに対してとか、寝たきりの年配者にとか、無抵抗の人にとか……。魔の力が猛威を振るっているとしか思えない凄惨な事件が、最近よく起こっていますが、こういった魔が招いている災いと言えます。

人の心を失った強い魔に対しては、防御だけで向かうには無理があります。魔で制する方法も効果が期待できないことがあります。魔を刺激して、より強くしてしまうこともあります。強くなりすぎた魔に支配された者には、もはや神仏の言葉さえ耳に届きません。

そういった魔が近くにあった場合は、魔と対峙せず、「魔から遠ざかる」ことです。

相手とどんな関係であるにしても、そのままでは災いに巻き込まれてしまいます。魔に耐えて、自分が朽ち果てるような選択をしてはいけないんです。

このような魔を抱え、人の心を失った人には、必ず災いが降りかかります。本人に災いが及ばないときには、その子どもや周りにいる人に災いが及びます。ですから、一刻も早く、遠ざかることに知恵を絞って、人の心のあるところに居場所を見つけるのです。

子どものいじめは、いじめる子どもが無自覚のうちに欲が強くなっているため、起きることがあります。子どもに純粋さが残っていれば、話をすれば納得して改善することでしょう。私の小学生のころのように、思わぬ反撃を受けたいじめっ子は、自ら気づくことができたんです。それでも、どうにもならない場合もあります。「善と魔の時代」なのですから、「魔から遠ざかると」いう選択肢があるのを知っておくことが大切だと、私は思います。

時には「逃げるが勝ち」もありだと心得る。

◎第三章のまとめ◎

儲け話は「裏で損をするのは誰か」を気にしながら聞く。
魔は見せるだけ。使ってはならない。
時には「逃げるが勝ち」もありだと心得る。

第四章

神仏の智慧と五行易から導き出された幸せを掴む秘技

神社仏閣へは、たくさんお参りすればいいのではない

神社仏閣を巡るのが流行っているみたいですね。私のところに来る人の中にも、あっちの聖天さんに行きました、こっちの聖天さんをお参りしてきましたという人がいます。全国の有名神社はほとんど行きましたとか、大きな仏閣に行きましたという人もいます。

私はそれを聞いて、「そう、よかったね」と言いますけど、心の中では「そこまでやらんでもええのに」と思っています。

なぜかというと、神仏は大もとを辿ると、ひとつの存在だからです。あっちにもこっちにも行ったことを自慢していると、「ああこの者は、自分の欲でお参りしているんだな」と思われてしまいます。

私が、生駒の聖天さんにお参りに行こうとして交通事故に遭った話をしました。

あのときの教えを大切にしていますが、実はもうひとつ教えていただいたことがあります。聖天さんから、こんなことを言われていると気づきました。

「お前は、自分の寺と別院に私を祀り、日々お参りしているのに、なぜ生駒に行こうとしたのだ？　生駒のお寺が大きくて立派だからか？」

私は、聖天さんも大もとではひとつということに気が行っていませんでした。

生駒の聖天さんは、歴史があり有名で立派なお寺に祀られています。そこにお参りに行くのは、特別な意味があると勝手に思い込んでいました。みんながいいと言うから、お参りしておかなければと思っていました。

神仏を信じきるということは、立派な神社仏閣にお参りに行ったからいいとか、たくさんお参りしたからいいというものではありません。いかに日ごろから、心を込めてお参りしているかが大事なんです。

私はそれから一度も、生駒の聖天さんのところには行ってません。

一般の人が、いろいろな神社仏閣にお参りに行くことが、よくないと言っているわけではありませんよ。一つひとつのお参りに、心を込めるのが大切だということです。

熱心にお参りする心を持っている人は、必ず心を寄せられる神社や仏閣とご縁をいただけるようになります。立派だとか、有名だとか、歴史があるとかは、関係ないようです。

ひたむきにお参りしていたら、不意に神仏からご褒美が届くことがあります。最初は気づかないかもしれませんが、やがて、ああこうしてご褒美を授けてくれるんだとわかります。それが、ご縁をいただけた証です。そういったところが見つかったら、大切にお参りしてください。御利益をいただいたときは、お参りに行って、報告がてら「ありがとうございました」と感謝の気持ちを伝えるように。そうすれば、ますますご縁が深くなるでしょう。

神仏は、こっちが立派とか、あちらのほうが立派とかはありません。全部、立派なんです。なによりも、大もとはひとつの存在ですから、心を寄せられるところでお参りすれば、全国にいらっしゃる神仏に行き渡るようにできているのです。

神仏の大もとはひとつ。まずは身近な神仏に祈ってみる。

感謝の伝え方と願いを届けるお参りの仕方

神仏をお参りするときには、感謝の気持ちを伝えるのが大切というのは、よく言われることです。私も、そのようにお伝えします。

「今日はご縁があって、お参りさせてもらっています。ご縁をいただきまして、ありがとうございます」「今日もお参りすることができました。ご挨拶できたことに感謝します」でいいんです。

お参りに行って、手を合わせて「○○が上手くいきますように」とか、「△△が叶いますように」と願うと、それを聞いた神仏に「この者は自分の欲を叶えるために来たのか」「苦しみから逃れるためだけに頼みに来たのか」「いいものだけを欲しがっているのか」と思われてしまいます。

なにかを手に入れたり、叶えたりするには、それ相応の代償があるのは当たり前と思ったほうがいいんです。それをなしにして、なんとか上手くいきますようにと願っても、その思いは届きません。

「なんでこんなに苦労ばかりするんでしょう」と訴えてくる人に、私は「先に苦労をいっぱい負っているだけです。その分、後で必ず上手くいきますよ」と伝えます。

精一杯やったうえで、「自分はここまで頑張りました。あと少しでなんとかなりそうなので、力を貸してください」と願うのなら、神仏はきっと聞き届けてくれます。本当に頑張っているのなら、それに対して、「確かに一所懸命やっているようだから、それなら少し力を貸しましょう」となります。

苦労が大きければ大きいほど、叶う願いは大きなものになることでしょう。

なにかを手に入れるには、その代償があって当たり前。

素直に感謝すると届く神仏からのご褒美

「お参りをするのに感謝の気持ちを伝えればいいというのはわかりましたが、なにもいいことがなかったときは、なにを感謝すればいいんですか？」と聞かれたことがあります。

私は思います。

「今、生きているそれだけで、大きな感謝ではないでしょうか」と。

いいことがないと言っている人は、生きていることが当たり前だと思っているのでしょうけど、今生きていること自体が奇跡なんです。もしかしたら明日、事故や災害に見舞われて死んでしまうかもしれません。それなのに、生きていることは当然で、もっといいことが起こるはずとか、もっといい人生を送れるはずとか、そう思っていること自体が、魔の影響を受け、人の心を失い始めています。

そんな欲を出さず、今生きていることに「ありがとう」と感謝をして、生きているだけで十分ありがたいと思うことです。

前の日に、どんなに最悪の出来事があったとしても、翌日の朝目覚めたら、それは「まだ生きなさい」と神仏から言われているんです。「今日も生きて、いろいろなものを見なさい。体験しなさい」と言われているんです。

そう思えば、朝目覚めたときに、「今日も目が覚めたこと、生きていることに感謝します」と言いたくなります。

感謝の気持ちを持てる人は、いいものをとらえやすくなります。神仏のご褒美も届きやすくなります。神仏からの奥深いメッセージも理解できるようになります。「ありがとう」「ありがたい」という感謝には、人の心が育つ要素も、たくさん含まれています。

自分を信じ、神仏を信じきり、目先の欲にとらわれず、人生の目標を探しつつ、あきらめずにさまざまな手を打ち続け、感謝の気持ちを忘れずにいれば、やがて神仏からのご褒美が必ず届きます。

人の心は感謝で育つ。生かされたことに「ありがとう」。

仏像を家にお祀りするときの覚悟

私のお寺にお祀りしている聖天さんは、絶対秘仏ですから人の目に触れることはありません。そのルーツは、インドのガネーシャ神です。たいへん人気のある神さまで、インド料理のお店などに、ガネーシャ神の像が飾ってあるのを見たことがある人も多いのではないでしょうか。

聖天さんとご縁を結びたいので、ガネーシャ神の像を家や部屋に飾りたいのだけどいいだろうかと聞かれることがあります。

かわいらしい像だと思って飾るのと、聖天さんの化身だと思ってお祀りするのは、たいへんな違いがあるとわかっていれば、飾ってもいいでしょうと答えます。

聖天さんに限らず、神棚やお仏壇は、お願いをするための窓口ではありません。神さまや仏さまに通じる、たいへん神聖な場所です。お祀りするお札や像にも、神仏の代わりとなる魂が宿っています。それをわかったうえなら、像をお祀りするのもいいかと思います。

ただ、お祀りするだけで満足してしまってはいけません。日々、それ相応の誠意が必要になります。

ご縁があったことを喜び、その気持ちを毎日きちんとお伝えしなければなりません。朝目覚めたときには、朝を迎えられた感謝のご挨拶。一日の終わりには「今日もなんとか過ごせました、ありがとうございました」とお礼を述べる。せめて、そのくらいの誠意は必要です。

私は、聖天さんと十一面観音さんをお祀りしている自分のお寺では、毎朝1時半とか2時には起きてお勤めをしています。まだ外は真っ暗ですが、体が不自由になってからは、なにをするにも時間がかかるので、その時間に起きないと十分なお参りができないのです。そして、6時半には電車に乗って、8時には難波千日前の別院に来て、お客さんが来られるまで、お祀りしている聖天さんと十一面観音さんにもお参りしています。その覚悟があるからこそ、できているのです。

聖天さんは、命を賭して手を合わせる神仏です。

そこまでの思いでお祀りしているから、次第に心の内を読んでくれるようになり、たいへんな不思議を見せてくれるようになったのです。

それと、これは覚えておいてください。お参りのときに「上手くいきますように」「お金が儲かりますように」と祈るのは、自分の欲を叶えるために動いてくれとお願いしていることになります。神仏を自分の手先のように使っては、絶対にいけません。

まして、こちらの願いが叶わなかったときに「毎日祈っているのに」とか、「拝んでいるのに効果がない」とか、言葉に出さずとも頭の片隅にでも浮かんできたりすると、縁あるものも消えてなくなってしまいます。

そういった覚悟があれば、ガネーシャ像を聖天さんの化身と思ってお祀りするのもいいでしょう。そこまでできないのであれば、かわいらしい像と思って飾るに留めておきましょう。

仏像はただの飾りではない。命をかけて祀るもの。

「おみくじ」でメッセージを受け取る

生きていく中で、つらく苦しいこと、判断に困ること、悩みが解決しないとき、占いは解決するひとつの方法ですが、神仏からのメッセージやご先祖さまからのアドバイスを確認する簡単な方法があります。

神社やお寺の、「おみくじ」です。

「困ったことがあったら、おみくじをひきなさい。悩み解決の方法を教えてあげましょう」というのがおみくじなんです。

おみくじをひいたら「凶」が出たので、「吉」が出るまでひくという人がいるかもしれませんが、それではせっかくのメッセージを正しく受け取ることはできません。

おみくじには、吉凶だけでなく、いろいろなメッセージが書かれています。和歌などが記されていたりもします。その内容に、大きなヒントが隠されていることがよくあるのです。じっくり読み込んでみてください。たとえその場では、意味がわからなくても、印象に残った言葉とか、気になるフレーズなどがキャッチできればOKです。家に戻ってから、和歌の意味を調べてみるのもいいでしょう。

凶が出たからよくない状態というわけではありません。今の状態よりは悪くならない、後はよくなるだけという前向きなメッセージかもしれません。大吉が出たら、今がピークだから、その状態が下降しないように注意を払えということなのかもしれません。

吉凶だけでなく、ひとつのおみくじに込められたメッセージをしっかり読み解くのが大切です。

おみくじをひく前、神社やお寺のお参りをするときに、今悩んでいることがあり、問題を抱えているとしたら、その状況をきっと報告するかと思います。お参りの仕方のところでも話しましたが、お参りのときに、あれがほしい、これを叶えたいという欲を伝えるのがいけないのと同様、「これからおみくじをひくので、ヒントをください」と願ったりするのは、よくありません。「こうなってほしい」といった欲がおみくじに反映されてしまいます。

おみくじをひくときは、「無」の境地でひくのがいいのですが、なかなか難しいかもしれません。神仏には「無」で問えば、その人に本当に必要なものを、神仏がおみくじを通して伝えてくれます。くれぐれも、欲や願望を神社仏閣で表に出さないように気をつけましょう。

神仏からのメッセージを受け取ることができたと思えたら、アドバイス通りにやってみることです。神仏を信じて行動すれば、不思議が起こることでしょう。

とくに、ご縁が結べたと感じられた神社仏閣のおみくじからは、特別なメッセージが届くかもしれません。

おみくじが「凶」でもがっかりしない。

死んだ後でも「人の心」は失われない

人は死ぬと、肉体を失います。しかし、生きている間の「人の心」は、死後の世界に持って行くことになります。人の心とは、この世にいる間に培った、思いや考え、経験から得られた知恵などです。

死後の世界に行くと、神仏の前に出向き、そこでもって来た人の心を読み解かれます。報告しなくても、神仏にはすべて知られてしまいます。

その人の心によって、死後の世界では、神仏のそばにいて、神仏のお手伝いをする者と、この世での反省をずっとし続ける者とに分かれます。

この世で、与えられた命をまっとうし、精一杯お役目を果たしてきた者は、神仏のそばにいて、心安らかにすごします。本来のお役目を果たせず、善よりも魔が勝った生き方をしてきた者は、神仏のそばでずっと考え続けることになります。

反省し続けている者は、やがて「もう一度自分磨きをしてこよう」と思うようになり、この世に出て行くことになります。お金をばらまいて無駄に贅沢な暮らしをしてきた者は、「極貧の生活を経験しておかなければいけないかなあ」と思い始めます。動物虐待をしてきた者が再びこの世に生まれ出たときには、なんと犬になっていて、その経験をした後に、今度は人間として生まれ、犬時代の経験が自分のものになっているかが試されるといったこともあるようです。極悪非道なことをしてきた者は、「なんてことをしてきたのか。少しでも御仏《みほとけ》に近づけるように修行したい」と思うようになり、再びこの世での生き方を試されるチャンスを手にします。

神仏のお手伝いをしている者も、「もっともっと自分を磨いてきます」と言って、この世で再び生きることもあります。

その際に役立つのが、死後の世界に持って行った「人の心」です。神仏のもとから離れて、さらに高みを目指して自分磨きをしようとする者にとっては、それまでの人の心、つまり思いや考え、知恵を生かして、この世を過ごせるので、より高みに届きやすくなります。やり直しをしようとする者にとっては、思いや考え、知恵をすべて反省してやり直さなければならないので、それだけこの世での苦労は絶えません。

神仏が、「やり直してこい！」とか、「修行してこい！」と命ずるわけではありません。自分から、「やり直してきます」「修行してきます」「もっと磨いてきます」と言うまで待っていて、導いてくれるのです。

人それぞれに、この世での経験を経て、また神仏のもとに戻ります。そこで、神仏のお手伝いをすることになるか、お手伝いをさせてもらえず、また神仏の横でずっと反省し続けることになるかが決められます。

神仏のお手伝いが十分にできるようになると、さらに上位の神仏のもとに行って、おそばにつくようになります。

自分から、修行の道、自分磨きの道を選んで、この世に出てきたにもかかわらず、この世での最後のお呼びがかかる前に、苦しいから逃げ出したいと、この世での時間を断ってしまったらどうなるでしょう。

自ら希望して、この世で生きるのに必要な肉体を、神仏から与えられたにもかかわらず、それを自分勝手に放棄したらいけないのは、誰でもわかります。本人にしてみれば、死んだら楽になると思うのでしょうけど、そんなことはないんです。

死後の世界で、再び神仏の前に行ったとき、すべてのことは見抜かれます。与えられた肉体を無駄にし、自ら希望したチャンスをものにできなかったこともすべて筒抜けです。大切な「人の心」も十分に育っていません。

神仏のそばにいても、肩身が狭いなんてものではありません。顔向けだってできません。そばにいるだけで、つらさが込み上げてくるでしょう。そして、また神仏に申し出なければならなくなります。

「もっとつらい経験をしながら、自分を磨いてきます」

「苦しみの中から、大切なことを見つけてきます」

チャンスを自ら手放すと、この世での課題がどんどん大きくなってしまいます。

動物を虐待すると犬に生まれ変わることもある。

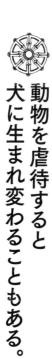

亡くなった親しい人に思いを届ける

この世で生きている間は、死後の世界のことに思いは至りませんが、親しい人が亡くなると、気になって仕方がなくなります。

親しい人を亡くして悲しくてたまらないという人に、私は「亡くなった人に、あなたの思いは届けられますよ」と伝えます。神仏を信じ、死後の世界があることを信じられれば、亡くなった人に思いは届きます。

この世から死後の世界に行くときに持っていける、心や感情など、この世で培った「人の心」は、死後の世界ではエネルギーとして存在しています。

そのエネルギーが、死後の世界に留まっていて、神仏のお手伝いをしたり、少し休憩していたり、神仏にまた修行してきますと言って、この世に行く準備をしていたりするのです。

死後の世界に留まっているときであれば、そのエネルギーに届くように、心を込めて祈れば、その思いが波動となって、死後の世界にいるエネルギーに伝わるのです。

「あなたと出会えて、私はとても幸せです。あなたとの思い出は、私の大事な宝物として、今でも大切にしています」

届けるのは、感謝の気持ちにしましょう。恨みつらみの波動を送ってはいけません。死後の世界にいるエネルギーや神仏に迷惑がかかります。

また会いたいという思いが強く、本当に深い縁があったとしたら、次に転生したときに、きっとまた縁を結ぶことができるでしょう。ただし、どういう関係になっているかわかりません。親子関係が逆になっていたり、夫婦の立場が入れ替わったりするかもしれません。それもまた縁なのだと思うと、楽しみにもなってきます。

お仏壇の前で祈ると思いが伝わりやすいのは、仏壇はあの世との窓口になっていることと、祈る者が気持ちを集中させやすいからです。

人の思いは、すでに亡くなっているペットにも届きます。

動物はたいへんに無垢ですから、この世での恩を忘れずにいます。そこに、飼い主からの思いが届けられると、なんとかもう一度会いたいと純粋に思います。

ですから、飼い主が亡くなったことを知ると、いち早く死後の世界の入口に出向いて、待っていてくれます。大好きなご主人さまが迷わないようにするのが、自分の大切な役目だと信じて、待っていてくれるのです。

人もペットも、この世で出会った縁に感謝し、また会いたいという思いを忘れずにいれば、思いは届き、再会するときが訪れるでしょう。

亡くなった人や動物に届けるのは「感謝の気持ち」。

ご先祖さまが叶えてくれる願い事

亡くなった人に思いを届けられるのなら、「ご先祖さまにお願い事をしたら、願いは叶いやすくなりますか」とよく聞かれます。

これは、お願い事の内容にもよりますが、お金を都合してほしいとか、物に恵まれるようにとかの願い事は、叶いづらいようです。なぜなら、死後の世界にいるご先祖さまは、この世を去ったときに、お金や物は置いてきているからです。なんとかしたくても、手元にお金も物もないのです。

それに、ご先祖さまは、お金や物がほしいというのは、欲の現れで、魔が生じることを知っています。災いを招きかねないことを、子孫にあえてすることはありません。

とはいえ、なんとかしてあげたいとあれこれ考えて、時にはこの世にいる知人を動かして、お金儲けの方法を教え、物が手に入るヒントを伝えようとします。それでも、確実に伝わるわけではありません。うまく伝わらず、叶えてやれないと、ご先祖さまは悲しい思いになってしまいます。

ご先祖さまが、喜んでアドバイスを送ってくれるのは、家族が幸せに暮らせるようにとか、みんながよりよく生きられるように見守ってくださいといった願いです。子孫が末永く繁栄するためのアドバイスは、積極的に送ってくれます。

ただ、自分が都合のいいときだけお願いしても、それは欲心から出ていると見抜かれ、応えてくれることはありません。

まずは、感謝の思いを届けること。「今の自分がこの世に存在しているのは、ご先祖さまがいたからこそです」と感謝の思いを普段から伝えることが大事です。すると、ある日突然、素敵なメッセージが届くことになるでしょう。

ご先祖さまからのメッセージは、自然現象を利用したり、偶然を装ったりして届くことがあるようです。

白か黒かを選択しなければならず迷っているときに、街中を歩いていたら、いい香りのする真っ白い花が咲き誇るところに出くわしたとか、やろうかやめようかの判断をしなければならないときに、すれ違った人が「無理無理。やめとけ」と会話しているのが偶然、耳に届いたとか、そういった方法でアドバイスを届けてくれるのです。

ご先祖さまに思いを届けながら、「こうなったらいいな」とか、「こちらのほうがいいのにな」と自分の欲が出ていると、せっかくアドバイスが届いたとしても、自分の希望どおりでないアドバイスは、耳に入らないことがあります。

受け取れていないと感じたり、気づかなかったりしても、「聞いてくれていない」とか「なにも手助けしてくれない」と文句を言うのもダメですよ。神仏と同じで、その人のためを思って届けないのか、タイミングがまだなのか、自分に欲心が生まれているのか、必ず理由があるのですから。

自然現象・偶然に注意。ご先祖さまのメッセージかも。

ご先祖さまも水子も崇らないから安心を

相談に来られる方から、「亡くなった親にお墓を作ってあげられなかったら、親やご先祖さまから崇られますか?」と聞かれることがあります。

親はもちろんですがご先祖さまも、崇ることはありません。自分の子孫が繁栄することは望んでも、子孫を祟って、そこで途絶えさせてしまうようなことを、決して望みはしないものです。

もし金銭的なことで、今お墓が作れないのだとしたら、心の中で謝って、「今は作れないけど、少し楽になったら必ず作るから」と伝えればいいでしょう。

ただ、お金はあるのに、もったいないからと作らなかったとしたら、それは自分の欲を優先していることになり、いつか魔の影響を受けることになるでしょう。

なにか悪いことが起こったときに、ご先祖さまが怒っているとか祟りだと思うかもしれませんが、それは自分の中から出た欲が魔を生み、災いを引き起こしたこと。ご先祖さまではなく、自分自身に原因があります。

急なことで、お墓の用意ができず、納骨堂に納めることになったとしても、親はそれを恨みには思いません。お墓という形よりも、弔う気持ちのほうが大切です。

親やご先祖さまではなく、この世に生まれて間もなく、あるいは生まれることなく亡くなった子ども、いわゆる水子の場合でも、親を恨みに思って、祟ったり、悪さをしたりはしません。

むしろ、この世で子孫の血を受け継げなかったことに、申し訳ない思いを少なからず持っていますから、それをわかってあげて、心より供養してあげることです。

決してその子のことを忘れずに、「私たちは大丈夫だから成仏して」「転生ができるなら早く次の人生を選びなさい」と、伝えるのもいいでしょう。「いつまでも忘れないから」という思いは子のもとに届き、親を護ってくれる存在でいてくれます。

その子と深い縁で結ばれていれば、いつかまた出会うことになります。

形よりも気持ち。お墓よりも弔う心が大切。

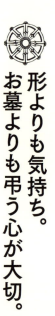

障がいによって、人一倍磨き上げられるもの

生まれた子どもに障がいがあったりすると、親は「どうして？」と思います。それが、因果によるものなのか、何代も前の業《ごう》によるものなのか、遺伝子の問題なのか、さまざまな要因が絡み合っていて、「これだ」と言い切ることは難しいようです。ただ、「神仏が与えた試練」なのかというと、それはちょっと違います。神仏は、人を試すようなことはしません。試して、できたからよし、できなかったからダメというのは、神仏にとっては必要がないことだからです。

ですから、これもこの世で生きるにあたって与えられた条件のひとつなのだ、こういうこともあるのだと、受け入れるしかないのです。

生まれてきた子どもが、「なんでこんな状態で産んだの？」と言うことは、まずありません。子どもは、生まれたときから、それを受け入れているんです。

しかし親は、「どうして私のところだけ」「なんでこんな苦労を……」とか、「なんでこの子だけ」と言うかもしれません。

大丈夫。必要のない人間は、ひとりとしていないのです。生まれてきた理由は必ずあります。その子には、この世を生き抜く権利があるんです。

誰にでも、できる、できないとか、得意、不得意とか、多かれ少なかれあります。それは、人の個性と言えるのです。肉体にできないことがあったとしても、思いや考えを磨き上げることは十分にできます。精神や心に、不得意なことがあっても、それでも生きるために、考え、人を思うことはできるのです。

生きるだけでも人一倍の苦労がいるかもしれません。自分だけの環境でしか生きられないかもしれません。それでも、その条件の中で一所懸命にできることをやろうとすること自体が、すでにこの世に生まれてきた理由なのです。ほかの人にはできない経験は、神仏から与えられた才能に磨きをかけることになっています。

親や周りの者にとっては、本人の生きようとする意志を精一杯サポートするのが役割であることは間違いありません。

あの世に戻るとき、持って行くのは、思いや考え、経験から得られた知恵などです。この世での肉体はもうありませんから、肉体の障がいもありません。精神や心の障がいがあった場合でも、この世での経験によって、精神も心も鍛えられ、数段レベルアップしています。それらを携えて、神仏のそばに寄り添うのです。

そして、再びこの世で生きるときには、新たな肉体を借りて、そこに磨き上げてきた思いや考え、知恵などを宿らせるわけです。次の世では、どれだけ活躍できるか、楽しみになるというものです。

生きている間に磨くのは、肉体ではありません。与えられた才能や能力、それに伴う思いや考え、知恵なのです。障がいがあると、一般の人よりもなにかと苦労が多いかもしれませんが、その分、誰よりもはるかに、思いや考え、知恵を磨き上げるチャンスとも言えるのです。神仏は、いつも見ています。きっと大きなご褒美がもたらされますよ。

障がいは「神仏が与えた試練」ではない。

不倫もダメ男にだまされるのにも理由がある

「どうしたらいいかを占ってほしい」という相談で多いのが、異性関係の問題です。「人の道に反しているのはわかっているんです。でも、どうしようもないんです」と、不倫に関する相談は、あとを絶ちません。

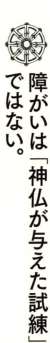

常識からいったら、いけないのでしょう。でも私は、「不倫だからいけない」と、一概に否定はしません。

きっと、その人にとってなにか必要な理由があるのでしょう。もしかしたら、前世からの記憶にある幸せの感じや、愛の感じと、この世での現実の幸せの感じ、愛の感じが違っていて、戸惑っているのかもしれません。どちらが、より自分に幸せなのか、本物の愛の形なのかを知るためのものなのかもしれません。

それは、本人にしかわからないもの。もしかしたら、本人すら意識していなくて、意識の下で行われているのかもしれません。

それを知るために、この世に生まれてきているのだとしたら、単純に「倫理に反するからやめなさい」とは言えないんです。

ただ、占いでは不倫という状況を選択した結果、最終的にどうなるかは出てきます。ですから、それは伝えます。どのような内容であろうと、そのまま伝えるようにしています。

伝えたうえで、続けるのかやめるのかを判断するのは、本人です。

また、「同じタイプの男ばかりにだまされるんです」という女性が相談に来ることもあります。男性ときちんとお付き合いしたいのに、寄ってくるのはギャンブル癖のある男とか、放蕩者《ほうとうもの》の男ばかりというのです。

こういった人は、パッと見るだけでわかります。自分から、そういった男を呼び寄せる「気」を発しているのです。

男性とちゃんとお付き合いしたいと言いながら、モテなくなるのが怖く、多くの異性にもてはやされていたいという執着が強くあります。

さらに、付き合う男性とは、楽しく遊びたい、一緒にわいわい騒ぎたいという欲望が大きくあります。

執着と欲望が強く大きいために、それが独特の気となり、周りに発せられているのです。

気というのは、無意識で思ったことが電波のように周りに飛んで行くものです。

だから、同じことを考え、同じことが好きで、同じ波長の人が寄ってくるんです。

もし、本当にそこから脱したいのだったら、自分を変えて、発するエネルギーを変えれば、すぐに変化が訪れます。発する気が変われば、近寄ってくる人も変わります。

多くの人でなくてもいい、たったひとりと出会えればいい。楽しくわいわいしなくてもいい、相手と一緒にくつろげる幸せな時間を過ごせるようになればいい。

自分のことだけでなく、相手の立場や気持ちに思いを寄せられれば、発する「気」も大きく変わり、近づいてくる男性も変わります。

自分が発する「気」次第で、寄ってくる人間が変わる。

人の運をうらやましがると自分の運が消える

「運」というのは、間違いなくあります。

そして、運がいい人というのは、見るとすぐにわかります。

表情がいきいきとしていて、目ははつらつと力強く、身のこなしがしなやかで、全身から発する迫力が感じられます。

私のところに来る人の中にも、そういう人がいらっしゃいます。でも、私は本人に「いい運を持っていますよ」とか、「運を掴んでいますよ」とは決して言いません。

どうしてかというと、占い師に言われた「運がいい」のひと言で、なまけ心が生まれたり、いらぬ欲が生まれたりすることがあるからです。

欲が生まれ、それを追いかけて強欲の沼にはまると、魔が生じ、持っていた運が消えてしまうんです。

ですから、運がいいと気づいた人には、このように言います。

「きっと運はあるから、運がいいとか悪いとか気にせずに、一所懸命にあるがままの自分を通すようにしいや。そうすれば、天が必ずいいものを与えてくれるから」

運があるから上手くいくに違いないとか、運がないからダメだと思うこと自体が、自分で自分を振り回してしまっています。

そもそも運というのは、誰もが神仏から授かっています。だから、安心していいのです。あるとかないとか、いいとか悪いとか、それは人が勝手に思い込んでいるだけです。

授けられた運は、神仏から与えられた才能や能力と同じで、それぞれにみんな違っていて、人と同じということがありません。生まれ育った環境も違えば、持っている因縁も違います。この世で生きていく中で与えられた役割もみんな違っているのですから、人の数だけ運にも種類があると言えるのです。

世の中には、明らかに勝負運に恵まれた、いわゆる勝負師と呼ばれる人がいます。その人に憧れて、自分も勝負強くなりたいと、行動や発言を真似しても、同じように勝負強くはなれません。同じ運は持ってないのですから当然です。でも、勝負運では負けているけれど、恋愛運で勝っているのなら、勝負師よりもいい恋愛を経験できるはずです。

人それぞれの運があるので、ほかの人の運をうらやましいと思わないことです。うらやましい、自分もほしいと思ったときに、いらぬ欲が生まれます。

誰もが、金運をよくしたいとか、恋愛運に恵まれたいと思うでしょう。でも、そこには欲が生まれています。自分だけに与えられている運を信じて、人のものをほしがらないようにするのが大事です。

運は人それぞれ。うらやむなかれ。

運はサポート役で主役ではない

運というのは、それぞれの人が、それぞれの人生において、もっとも自分らしく生きるために必要となるものを、絶妙のタイミングで手に入れられるように、神仏が用意してくれているものだと言えます。

人生の中で、その人らしく輝いて生きるために、お金が必要なら金運が授けられています。たくさんの人に囲まれて笑顔に満ちあふれ、周りの人も幸せにするのが、その人らしい人生なら、恋愛運や人間関係が上手くいく運が授けられています。人それぞれに、その人が神仏から与えられた役割を果たすために必要なものが、運として届けられるのです。

人は、人生において、運を手に入れるのが目的ではありません。どれだけ輝いていられるか、どれだけ幸せに生きられるか、どれだけ人に喜びを与えられるか、どれだけ役割を果たせるか。そのために、生きているのです。

それなのに、「金運をよくしたい」とか「恋愛運を上げたい」と、「運」のほうに意識が行ってしまっている人のなんと多いことか。本末転倒です。

運は、その人らしく生きるためのサポート役なのですから、「運をよくしたい」と思うよりも、目的のほうに焦点をしっかり合わせなければなりません。目的をハッキリと自覚して、それに向かって考え、行動していくことで、実は運がついてくるのです。

たとえば、得意な料理を多くの人に提供して、「おいしい」と喜んでもらったり、笑顔を増やしたりしたいと思った人が、「お店を作るために資金がほしい。だから金運を上げたい」というのは目的に焦点が合っていません。まず資金だと思った瞬間に、金運が上がることはなくなります。それが、たとえばできることからやろうと考え、キッチンカーを借りて、テイクアウトで自分の料理を提供しはじめたとしたら、そこで神仏が、目標に近づくために金運を授けてくれるかもしれません。

運というものが存在すると思うと、どうしても人は「運がよくなったら○○しよう」となりがちですが、後先が逆です。目的に向かって行動していると、それがその人の本来の生き方に沿っていれば、最適な運がついてくるのです。

もし、「運がないなあ」と感じたとしたら、目的としているものが本来のものではないか、達成のための手段が不足しているか、なにか理由があるはずです。目的が修正されたり、不足しているなにかが補われたりしたら、驚くような運が舞い込んできて、いつの間にか目的に近づいている自分に気づくでしょう。

人は運を手に入れるために生きているのではない。

お金に恵まれるには、金運よりも財運を上げる

そうは言うものの、誰もがお金のことは気になります。

お金というのは、人よりも儲けようとすると、そこに生じる欲が強くなり、魔を

招きやすくなることを忘れないようにしてください。

お金は、五行では「火」の性格を有します。火は、寒いときに当たれば暖をとれます。火が家に燃え移れば火事になります。火を武器として使えば、人を殺傷しかねません。火は、使い方によって、大きく異なる性格を表します。

お金と似ていて、まったく性格が異なるのが「財」です。財は、財産の財です。実は、お金に困らないようにしようと思うなら、「金運」よりも「財運」を上げることがポイントとなるのです。

財は、五行では「土」にあたります。土は、肥沃《ひよく》になればたくさんの作物を収穫できます。土地の下から温泉が湧き出すこともあります。「ここ掘れワンワン！」と掘ってみたら宝物に恵まれることもあります。

土は、人に富をもたらす性格があるのです。

財を手に入れた者が、独り占めしようとすると、欲が生まれ、運も弱まります。

財である土や土地がもたらしたものを、自分だけではなく、人にも与えたり、周りの者と共有したりすると、大地の恵みは循環します。運は大きくなります。

土から育った作物を収穫し、そこから種や苗を再び大地に返せば、繰り返し収穫できます。土地に返さず、蔵にしまっておくのは、独り占めになります。独り占めすると、運は小さくなってしまいます。

「金運」は使い方を間違えると火傷を負います。「財運」は、上手く循環させればどんどん大きくなっていくのです。

「じゃあ、収益金の一部が社会貢献に使われている宝くじを買うことは、財運を上げることになりますね」と言われたことがあります。

まあ確かに、売り上げの一部が人のために使われているのでしょうけど、宝くじを買う人で、寄付しようと思って買っている人って、どれだけいるでしょう。やはり、自分が当たって大金を手に入れたいから買うんです。そもそも、社会貢献したいんだったら、赤十字とかユニセフに直接、お金を寄付すればいいんです。

では、「夢という喜びを得るために、宝くじを買うのはどうでしょう?」

夢を得るのにお金が必要だと思った時点で、災いの種が生まれています。

宝くじが当たったとしたら、それは今まで買い続けて、たくさんのお金を払ってきた〝施し〟の代償として返ってきたと、そのくらいに思うのがいいでしょう。

高額当せんしたとしたら、当せんした後にも施しを続けるようにしてください。

そうしないと、途端に欲が生まれ、魔が動きだし、災いが生じます。高額当せんしたことで人生が狂わされたとは、よく聞く話ですが、その災いが、本人ばかりか、子どもや孫にまで及ばないようにしたいものです。

お金の欲、魔、災いは、それほど強いものです。

得た財の独り占めは確実に運を落とす。

運をよくする日本人ならではの習慣

よく、「運をよくするためになにをしたらいいですか？」と聞かれることがあります。それを聞くと、「ああ、すでに欲が出てしまっているなあ」と思います。

運のいい人に共通しているのは、自分がほしいと思ったときにだけ行動したり、願ったりするのではなく、自分でいいと思っていることや人が喜ぶことを、普段からやっているところです。

きっと本人は、「神仏が見ているから」なんて意識して行動していないはずです。それが私にすれば、いつも神仏に見守られ、神仏に生かされていると感じさせるのです。

このような人は、さまざまなことに感謝し、自分ひとりだけで生きているのではないと知っています。ですから、おのずと感謝の気持ちが沸き上がり、「ありがとう」と自然に口から出てきます。

それによって、運の力も十分に受けられるようになります。それが、運のいい人の特長です。

感謝の気持ちを言葉にするのは、日本人の得意なところです。

食事のときに「いただきます」と言うのは、日本人ならではです。「いただきます」とは、「あなたの大事な命をいただいて、生かしてもらいます」という意味です。

人は、生きるために、この世のさまざまな命を食べさせてもらっています。肉も魚も野菜もすべて生き物です。その生命をいただいて生きているのです。「いただきます」には、すべての生命体に対しての、感謝の気持ちが込められています。

さらに、食事の後の「ごちそうさま」には、食事を作ってくれた人、振る舞ってくれた人へのお礼の気持ちが込められています。

感謝の気持ちの大切さを教えられてきた日本人の心には、「善と魔の時代」を生き抜くため、運の力を受けるための、大事な要素がすでに植え込まれています。それを思い出し、いつも意識していると、神仏からの手助けを受けやすくなります。

ただ、善と魔は表裏一体です。なにかの拍子にひっくり返ることがよくあります。上手くいかないときに、人のせいにしたり、神仏に文句を言ったりしてしまいがちです。

「〇〇のせいで、上手くいかなかった」

「あんなにお願いしたのに、叶えてくれなかった」

思わず口に出してしまいそうになっても、グッと抑えること。もしかしたら、叶うだけの自分の器がなかったのかもしれません。それを、神仏のせいにするのは御法度です。常に、感謝の気持ちが勝っていれば、必ずや運のいい人になれるでしょう。

感謝の心を忘れなければ、運は自然とついてくる。

◎第四章のまとめ◎

神仏の大もとはひとつ。まずは身近な神仏に祈ってみる。

なにかを手に入れるには、その代償があって当たり前。

人の心は感謝で育つ。生かされたことに「ありがとう」。

仏像はただの飾りではない。命をかけて祀るもの。

おみくじが「凶」でもがっかりしない。

動物を虐待すると犬に生まれ変わることもある。

亡くなった人や動物に届けるのは「感謝の気持ち」。

自然現象・偶然に注意。ご先祖さまのメッセージかも。

◎第四章のまとめ◎

形よりも気持ち。お墓よりも弔う心が大切。
障がいは「神が与えた試練」ではない。
自分が発する「気」次第で、寄ってくる人間が変わる。
運は人それぞれ。うらやむなかれ。
人は運を手に入れるために生きているのではない。
得た財の独り占めは確実に運を落とす。
感謝の心を忘れなければ、運は自然とついてくる。

おわりに

◉多くの経験から私が伝えられること

僧侶になり、占いという仕事をしているのは、私のこの世でのお役目だと思っています。若いころからそう思っていたわけではありません。今になって、やっとわかりました。いろいろな仕事に就き、たくさんの人に出会い、時にはだまされ、時には助けられ、そしてここまで来ました。そういった経験すべてが、この仕事のためだったんだなあと感じます。自分だけの力ではここまで来られなかったでしょう。神仏のお導きのおかげです。

若いころは、自分で商売をしたい、自分の飲食店を持ちたいという夢を持っていました。

高校から電気の専門学校へ進み、卒業して就職しましたが、夢を叶えるために、調理師の学校に行って勉強もしました。

お店をやるには資金が必要ですから、いろいろなアルバイトをしました。バーテンダー、肉屋、パン屋、タクシードライバー、バスの運転手などなど、いくつも掛け持ちして、お金を貯めました。

あまりにも職を転々とするので、親からは「お前はなんでそんなに尻が軽いんだ。もっと落ち着いて仕事をしろ！」と言われたもんです。

実は、いろいろな職業を経験したのは、最初に就職した商社の社長さんからのひと言の影響が大きかったんです。

貿易に携わっている会社で、はじめは営業に付いて回って、何億円というお金が動く現場を見させてもらいました。そのうちに「事務職も勉強せい」と言われて、経理の学校にも行かせてもらったのですが、どうも自分がずっと続ける仕事ではないなと感じて、辞めさせてもらうことにしました。

そのときに社長さんから、こんな言葉をかけられました。

「赤部くん。君は、とにかくなんにでも首を突っ込んで、いいことも悪いことも経験しなさい。そうするうちに、物事の見えないところまで見えてくるようになるから」

今になってみれば、その通りの人生を歩んできて、その経験があったから、占いの仕事に就けたのだと思います。あの社長さんは、いったいなにが見えていたのでしょう？

さまざまな仕事をしながら稼いだお金をもとに、自分の寿司屋を持ちました。22歳でした。行列ができる寿司屋として、ちょっとは名が知れるようになりました。タカラジェンヌや大学の教授、政治家など、幅広いお客さんに贔屓にされていたんですよ。

寿司屋をはじめ5店舗の飲食店を経営しながら、土地を買ってスーパーマーケットを運営し、ガソリンスタンドもやろうかというほど活躍したときもありました。
ただあるとき、これらの仕事は自分が生涯かけてやるものではないと思い始めるんです。

寿司屋をやっているとき、たまたまあるご住職と知り合いました。するとそのご住職から、自分の寺をやるから、弟子になって僧侶の資格を取り、お寺を継いでくれと言われました。

「寿司屋が、坊主に？」

私自身でも、どういうつながりでそうなるのかがわからなかったのですが、そのご住職の言うままに僧侶の修行をするようになりました。長い修行の末、真言宗の僧侶の資格をいただきました。

しかし、立派なお寺の住職としてやっていく自信も、その気もありません。多くの檀家さんを抱えるなんて私には無理だと思っていました。なので、お寺を継ぐというお話は丁寧にお断りし、檀家さんのいない自分のお寺を持つことにしました。

僧侶の修行をしながらも寿司屋はやっていたのですが、流行っている最中に「次どうしよう」と考え始めていました。

どんなに流行っていても、真似をされることもあるし、いつか廃れるときがくると、なんとなくわかっていたんです。それに、ずっと苦労をかけている妻を、少しでも楽にさせてあげたいと思っていました。

妻の手を煩わせず、長く続けられる仕事はないものかと考えていたときに、人の欲とか悩みとか苦しみとか、絶対になくならないものを相手にすればいいのだと思いつきました。どうせなら、誰も真似できないことをやりたいと突き詰めていくうちに、突然ひらめいたのが、占いの仕事でした。本物の僧侶で占い師というのは、なかなかいない貴重な存在ではないかと思ったのです。

寿司屋をやりながら、占術を学びにいろいろなところに通いました。ここでも、出会いに恵まれました。占術の先生を紹介してもらったり、有名な易者と知り合いになったりしました。ある程度、知識を身につけてからは、自分の寿司屋でも観るようにしました。

やがて占いに自信ができ、20年近く続けた寿司屋を辞めて、占い一本でやることを決意します。どこでやるかを自分で占い、決めたのが今の難波千日前です。35年以上も続いているのですから、占いの結果は間違ってなかったと言っていいでしょう。

さまざまな仕事を経験しながら、いろいろなタイプの人間に出会いました。アルバイトをしていたときは、親切なふりをしてただ働きをさせようとする人もいました。飲食店を経営していたときには、お店のお金を持ち逃げしたやつもいました。占いを勉強していたときには、高額な印鑑や壺を買わせようとした人もいました。とてもじゃないですが、ここでは話せないような出会いや出来事もありました。

商社の社長さんから言われたように、いろいろなところに首を突っ込んで、いいことも悪いことも経験しました。

そのおかげで、自分の中を通り抜けた経験は、自分のものとして使いこなせるようになりました。相談される内容によっては、これまでに似たような経験をしているので、その人の気持ちがわかります。その人の身になって話ができます。人がされて嫌なこともとてもよくわかります。きっと、占いという、人間の本性を扱う仕事をするために、これまでの経験をさせてもらったのでしょう。

さまざまな出来事はすべて、占いでひとりでもたくさんの人を救うために、聖天さんと十一面観音さんが導いてくれたのだと信じています。


経験しないと、わからないことはたくさんあります。経験したことは、ある程度は理解できます。

私自身、さまざまな経験をさせてもらったことで、いろいろな人が納得してくれることを伝えられているのだと感じます。いいことも悪いことも、楽しいこともつらいことも、あらゆることを経験してきました。

世の中にある、白と黒、上と下、前と後ろ、表と裏、プラスとマイナス、陰と陽、あらゆるものの両面を見てきたことで、その両方を使えるようになりました。今になって思えば、自分がつらい目に遭ったり、いい思いをしたり、いろんな思いを味わわなかったら、自分のものにはならなかったかもしれません。そして、どちらも必要だということも知ることにならなかったかもしれません。

これらの経験をしたからこそ、さまざまな事象を理解でき、人の心も読めるようになったのだと感じます。

神仏からは、「この学問を読み切るだけの力を、人を助けるのに使うのであれば、お前に授ける」と言われて、自分自身でも努めて読める能力を培ってきたから、今そのご褒美をいただいているようにも感じます。

２０１７年の年末くらいから、私自身にいろいろな事件が降りかかってきました。どういうことなのかと思っていたら、やっとわかりました。「人を助けるために尽力しろ」ということだったんです。

それからは、今までにないほど頭が冴えてきています。占いの答えもますます精度が上がっているように感じます。それは、私の占いを必要とする人が増えるということなのでしょう。今のこの時代に、私のような存在が必要とされているのかもしれません。

◉神仏のメッセージを伝え続ける

この本を読んでくれる人が100人いるとしたら、50人が役に立ったとか感動したと言ってくれたらいいと思っています。半分は、役に立たないとか面白くないとか言うのではないかと思います。100人に同じ味のお味噌汁を振る舞ったとしたら、おいしいと思う人は半分、そうでない人は半分。「こんな味噌汁飲めるか！」

という人だっているものです。

ある者が神仏にお願いしたそうです。

「私のすべての願いを叶えてください。そのために、なんでもしますから課題を与えてください」

神仏は、「それでは、ある家を探して、木になる実をとって来い。とって来たら、すべての望みを叶えてやろう。ただし、その家は〝死人が出ない〟家であること。その家にある木になっている実が条件だ」とおっしゃいました。

願った者は、必死に〝死人が出ない〟家を探しました。探して探して探しましたが、当然ながら見つかりませんでした。

世の中には、無茶振りというものがあります。なんでも望みが叶うと聞けば、なにがなんでも実行しようとします。しかし、絶対にできないこともあります。実現できないことを必死にやろうとすると、苦しみばかりが募ります。実がなる木のある家はあっても、死人が出ない家はありません。人間は必ず死ぬものなのですから。

ないもの、ありっこないものをほしがっていると、自分が苦しくなるだけです。神仏は、「あなたは、ないものをほしがっているのですよ」と教えてくれているのです。

この本を100人すべての人にわかってくださいという無茶振りはしません。50人、いやたったひとりでも、「救われた」と思ってくれる人がいれば、それで私は嬉しく思います。

世の中「善と魔の時代」になってしまいました。「自分さえよければいい」という人も増えています。一方で、豊かに育った「人の心」を持っている人もたくさんいます。

善と魔のバランスが崩れ、「自分が」「自分が」となると、欲が生じ、魔が大きくなり、災いを招きます。魔が強くなると、善の力が抑えられてしまいます。すると、至る所で災いが起きはじめます。

このままでは、人類の先行きが不安になります。地球自体も生き物ですから、地球のことも心配です。

人は、神仏の分身だと私は思っています。神仏の知恵や教えを、誰もが持っています。それを思い出し、「善と魔の時代」を、乗り越えていかなければなりません。私はこれからも、占いを通して一人ひとりの人に手を差し伸べていきます。といっても私は、聖天さんと十一面観音さんや、たくさんの神仏、相談に来られる方をお護りしている神仏からのメッセージをお伝えするだけです。それをしっかり届け続けます。

自分を信じ、神仏を信じ切って、人の心を豊かに育み、それぞれに自分らしい人生を送って、豊かな世の中になることを心から願っています。

２０１９年９月吉日　赤部聖晃

赤部聖晃（あかべ しょうこう）

1941年11月、兵庫県西宮市生まれ。1984年、大阪・難波千日前で開業。人や企業などの年勢、家相や地相、移転や引っ越しの方位、仕事・就転職、恋愛・結婚、相性など、あらゆる物事の成否、吉凶を鑑定する。その確かさに絶大な信頼を寄せる人が多く、20年30年の常連も多数。顧客は、大企業の経営者から一般社会人、OL、パート・アルバイト、学生、主婦、さらには政治家、司法・警察関係、金融・不動産関係、スポーツ選手、芸能人、水商売までと幅広い。真言宗僧侶、元東洋運勢学会副会長・大阪支部支部長。

五行易占 赤部聖晃

大阪市中央区難波千日前14-25 1階

TEL 06-6633-8108（要予約）

月曜～土曜、祝日の10時～15時（変動あり）

日曜は休（不定休あり）

基本の鑑定料は30分5000円

大阪の超大物占い師の予見

2019年11月16日　　初版第1刷発行

著　者　赤部聖晃
発行人　保川敏克
発行所　東邦出版株式会社
〒169-0051
東京都新宿区西早稲田3-30-16
http://www.toho-pub.com
印刷・製本　信毎書籍印刷株式会社
（本文用紙／ラフクリーム琥珀四六判71.5kg）